表象のベトナム、

塩入すみ
Shioiri Sumi

表象の日本

ベトナム人実習生の生きる空間

生活書院

表象のベトナム、表象の日本

ベトナム人実習生の生きる空間

目次

序章　停止した景色

第1章　この本について

第2章　彼らの見た景色

第3章　構造的移民

第4章　イメージとしての日本

第5章　イメージとしてのベトナム

第6章　二つの権利のために

序章　停止した景色

ドイツのトルコ人出稼ぎ労働者がドイツの共同住宅でトルコ映画を鑑賞するとき、フィラデルフィアの朝鮮人が韓国からの衛星中継で一九八八年のソウル五輪を視聴するとき、あるいはシカゴのパキスタン人タクシードライバーがパキスタンかイランのモスクで録音された説教のカセットに耳を傾けるとき、われわれが目の当たりにしているのは、移動するイメージと脱領土化したオーディエンスとの邂逅である。ここから創出されるのが、ディアスポラの公共圏（diasporic public sphere）である。

（アパデュライ 2004: 20-21）

停止した景色

この本を書いている二〇二〇年は、おそらく歴史に残る年となるのだろう。僅か数か月で新型コロナウイルスによる感染症が世界に広まり、国家間の人的移動（migration）は、ほぼすべて停止した。あれほど勢いのあったグローバリゼーションという列車は急ブレーキを踏み、人々は止まった列車を呆然と見守っている。再開の目途が立たないわけではないが、多くの人が不透明な不安を感じている。それは、「再び出発しても、以前とは同じように走れないのではないか」という危惧、そして、「以前と同じ場所を走っても、車窓から見る景色は変わってしまっているに違いない」という確からしい予感である。

留学を中止した学生たち、外国人観光客の消えた街の商人たち、海外出張に飛び回っていた会社員たちは、心の中に誰も答えを知らない問いを抱いている。いつまた元に戻るのか、そして戻ったとしても、それぞれの文化や社会はコロナ前とは何か違っていないだろうか、と。そして、その問いの先には今まであまり顧みられることのなかった日本のグローバリゼーション、国際化、多文化共生といった、物語を秘めた言葉の揺らぎ、亀裂が見え隠れしている。

新型コロナウイルスの感染拡大による影響で、日本で働く外国人たちの移動も止まった。予定していた外国人技能実習生[1]（以下「実習生」）の入国が停止し、日本国内の様々な産業で人手不足が生じ始めた。青森の水産加工場、長野の高原野菜農家、そして筆者の居住する熊本でも、実習生の出入国の遅延（二〇二〇年六月一七日段階で七一七人[2]）により、農業や建設業などで人手不足が続いている。また、コロナ禍による市場の縮小が非正規雇用や実習生などの労働弱者に影響を及ぼし、実習生の不当解雇の問題も報道されている。コロナ禍により実習生の環境が悪化しているのは事実であるが、実習生の長時間労働や残業代未払いといった雇用の問題は、既に一〇年以上前からメディアで取り上げられていた。彼らの日本での景色は、コロナ禍と関わりなく停止したままである。

玉名市の縫製工場で働いていた中国浙江省出身の技能実習生の女性一二人が三一日、熊本労働局に長時間労働や残業代未払いなど過酷な労働の現状を訴えて救済の申し立てと実態の調査、是正を要請した。〇五~〇六年に「外国人研修・技能実習制度」で来日し、玉名市横島町横島の縫製工場ラ・メールで働いていた二〇~三四歳の女性。記者会見した実習生によると、工場に併設した宿舎に寝泊まりし、月二百時間を超える残業をさせられた。三〇日に外国人を支援する市民団体に救済を求め、工場を逃げ出した。実習生は、未払いの残業代や、給料から預金として天引きされるなどした計二千数百万円の支払いを訴えている。童恵娟さん(二二)は「残業代を払うと会社が倒産してしまうと言われ、残業代を少なく記録するよう迫られた」などと話した。申し立てに対し熊本労働局は「事実確認をして問題があれば指導をしていく」と答えたという。ラ・メールの高倉勇社長(五三)は「長時間労働は本人たちに了解を得ており、違反とは思わなかった。残業代の不足分などは払うつもりで改善していく」と話している。県内では天草市の縫製工場や阿蘇市の農家などで働いていた中国人実習生計七人が未払い賃金の支払いや損害賠償を求めて熊本地裁に提訴している。

(『毎日新聞』二〇〇八年八月一日、地方版熊本:25[3])

当時の実習生、そして専門学校の留学生の大半は中国人であったが、今はそれがベトナム人をはじめとする東南アジア諸国の人々に変わったに過ぎない。二〇一八年三月にはベトナム人実習生が除染作業という説明を受けないまま東京電力福島第一原子力発電所の事故に伴う除染作業に従事していたことが報道されたが、外国人労働者の人権問題は問題視されながら増加する一方で、抜本的な解決策は取られていない。同様の事件は今も頻発し、コロナ禍が追い打ちをかけている。『中国新聞』(二〇二〇年八月九日）は、広島県の複数の縫製会社で実習生への長時間労働や残業代未払いが横行し、賃金トラブルが後を絶たないと報じたが、その経営者の発言まで、二〇〇八年の熊本のこの事例と酷似していた。失踪した実習生の不法残留も増え続けている。元実習生の不法残留者（仮放免を含む）は二〇二〇年七月現在で一万二四五七人、そのうちベトナム人は八七七〇人と約七割を占める[4]。停止した景色の中で、ベトナムの若者たちと日本人のそれぞれの眼に、お互いはどう映っているのだろうか。

異文化のイメージ

二〇二〇年夏、関東一帯で大量の家畜や果物の盗難事件が発生し、防犯カメラに映った犯行の映像が繰り返しテレビで放映され、一〇月には不法残留のベトナム人を中心とするグループが摘発された。この問題を受け、『毎日新聞』は「クローズアップ：ベトナム実習生、覆う影」という特集を掲載した。記事は実習生制度をめぐる現状と課題を解説している。

群馬、栃木両県など北関東を中心に家畜が大量に盗まれた事件に絡み、一〇月以降、入管法違反（不法残留）などの疑いでベトナム人が相次いで逮捕された。その多くは技能実習生として全国各地で働いていた若者たちだ。何が目的だったのか。背景を取材すると、実習生が置かれた過酷な労働環境やコロナ禍が影を落としている実態が浮かぶ。

北関東では今年に入ってから家畜が盗まれる被害が出始め、群馬県ではこれまでに豚約七二〇頭、ニワトリ約一四〇羽の被害が確認されている。近県の栃木、茨城、埼玉でも家畜が盗まれる被害が相次いだ。事件に関連し、群馬県警は一〇月二六日、県東部の太田市に住む二〇～三〇代の男女一三人のベトナム人を入管法違反（不法残留）などの容疑で逮捕した。（中略）逮捕されたベトナム人の多くは就労先から失踪した技能実習生だった。実習生の事情に詳しい関係者によると、新型コロナウイルスの影響で失踪先でも仕事を失い、在留資格が切れてもベトナム行きの航空便が減って帰国できずに苦しい生活を強いられている実習生が少なくないという。一九九三年に始まった技能実習制度は発展途上国から最長五年間受け入れ、日本の技術を伝えるのが狙いだが、労働力不足を背景に日本の産業を実質的に支えている。出入国在留管理庁によると、二〇一九年末時点の実習生は全国で約四一万人おり、五年前の二・五倍。近年、特に急増しているのがベトナム人で、一九年は約二二万人で半数を占める。一五年までは中国人がトップだったが、中国の経済発展に伴い賃金水準が向上し、日本で働くメリットは薄れつつある。そうした中でベトナム人の受け入れが加速したが、失踪者も増えている。一九年の実習生の失踪者数は一四年の一・八倍となる八七九六人。うち七割がベトナム人で、一四年比で六倍に増えた。失踪した実習生にほぼ共通しているのが、来日前に抱いていた理想と現実のギャップだ。貧しい農村部の出身者が多く、「少しでも家族に楽をさせたい」と日本を目指すが、来日前、母国の送り出し機関に多額の手数料を払う。ベトナム政府の通知によると、三年間で三六〇〇ドル（約三八万円）以下と定められているが、悪徳業者の介入などで裏で水増しされ、百万円前後の借金を背負って来日するケースが後を絶たない。十数万円程度の手取りを家賃などの生活費や仕送りに充てると、手元にはほとんど残らない。神戸大大学院の斉藤善久准教授（ベトナム労働法）は「来日前に聞いた話と違うと我慢できない上に借金を返せずに計算が狂う。お金が必要になって失踪して、少しでも稼げる不法就労をしてしまう」と話す。過酷な労働環境も失踪を生む要因だ。「受け入れ先にはしっかりした企業もあるが、一部の企業では低賃金で暴力や暴言があふれ、人を『物』のように扱っている」。ベトナム人の元技能実習生らを保護し支援している在日ベトナム仏教信者会会長のティック・タム・チーさん（四二）はこう指摘する。技能実習制度では原則として自由な転職が認められていない。さらに今、コロナ禍が追い打ちをかけた。群馬県警に入管法違反などの容疑で逮捕された一三人の一人は一八年から溶接の工場で働いていたが、県警の調べに「コロナのせいで仕事が減り、退職した」と話している。斉藤准教授は「実習生には来日前に、行政にアクセスできるだけの日本語力を身に付けることを求めたり、SNSで支援窓口などに相談できる体制を構築したりすべきだ」と制度の不備を指摘する。

（後略）

（菊池陽南子、妹尾直道、中川友希『毎日新聞』二〇二〇年一一月二八日、東京朝刊：3）

この事件により技能実習制度の問題が一層日本社会に突き付けられることとなったが、同時に、多くの日本人のベトナムに対するイメージに否定的なイメージが加わったに違いない。その一方で、近年のベトナムは特に若い女性に人気の観光地の一つであり、日本国内でもベトナム料理は身近な存在となっている。コロナ禍で人の移動は停止しているが、異文化に対する意識は時勢と社会情勢を反映し、メディアの情報に導かれながら刻々と変化を続ける。

本書はこうした状況を背景に、ベトナム人実習生と日本人の相互イメージと、そこに含まれる双方の意識を批判的に考察していく。分析に当たってはルフェーヴルの空間論を援用し、最終的には、ベトナムと日本という異文化の空間の関係性と、双方のイメージとがどう関わっているかを明らかにするとともに、実習生の人権をめぐる問題に対し新たな権利の獲得を提起する。

異文化に対するイメージには、人に関わるイメージと、空間に関わるイメージがある。「日本人は親切だ」というのは人、「日本は便利だ」というのは空間についてのイメージである。筆者がベトナム人に対して行った対日意識の調査でも、日本のイメージを問う質問に対し、日本人のイメージを答える例が多かった。異文化のイメージにおいて人のイメージがいかに重要であるかがわかるが、空間のイメージは人だけに限らない。「交通が便利、清潔、忙しい、桜が美しい」等、社会システム、社会規範、象徴的な事物に関わるイメージから、「ベトナムはフランスの植民地だった」等、歴史に関わるイメージまで、実に多様なイメージを含んでいる。つまり、それぞれの文化という空間は単なる物理的空間ではなく、そこに属する人、文化、規範、建物、歴史、政治、経済など、人の営みの全てを、共時的にも通時的にも含み込んだ、動的で社会的なものとして捉えることができる。本書では、異文化という空間に対するイメージに、こうした社会的な空間に関する議論を交えて分析を進めていくことになる。

熊本の実習生たち

外国人労働者の急増は、地方の空間を確実に変容させ、時には日本人住民との間で摩擦が生じることもある。地方における外国人住民に関する調査は、外国人住民の急増する地域を中心に進みつつある。定住が早期から進んだ群馬県大泉町に関する濱田（2008, 2009）、中国・四国地方、東北地方の地域を例に外国人非集住地域における結節点としての教会や日本語教室等の役割を論じた徳田・二階堂・魁生（2016）、宮城県のフィリピン系住民を対象とした坪田（2018）、北海道のベトナム人実習生約九〇名を対象に調査を行った湯山・設楽（2020）などである。

二〇一八年より筆者が行っている実習生に関わる二つの調査[5]は、主に熊本県内を対象としている。以下では、熊本県の現在の外国人労働者の増加する現状と特徴について概観する。

人口減少の続く熊本県の生産年齢人口は、二〇一五年から三五年までの二〇年間に約二二・一万人減少する見込み[6]となっている。それを補うように、熊本県内の外国人労働者数はコロナ前まで急増していた。総務省発表の二〇一八年一月一日付の住民基本台帳による人口動態調査によると、日本に住民登録している外国人の増加率は、熊本県が前年比一六・六四％増で全国の都道府県でトップ、鹿児島県（一五・二三％）、宮崎県（一四・一六％）と続き、九州で留学生や実習生の受け入れが著しく拡大している現状が明らかになった[7]。

二〇一九年一〇月末の熊本県内の外国人労働者数は一万二三四五人（うち実習生は七九八〇人、六四・六％）で、前年比二一・六％増、外国人を雇用する事業所数も二七四三か所で前年比一一・五％増加し、いずれも過去最高を更新している。国籍別では、ベトナムが最多で五四六五人と外国人労働者全体の四四・三％、約半数近くを占め[8]、中国人が最多である全国の数字と比較すると、熊本の外国人労働者の数的構成の特徴としてベトナム人実習生が多いということがわかる。さらに、実習生の雇用に関する熊本県の特徴として、農業に従事する者が多いこと[9]、三〇人未満規模の小規模事業所が多いこと[10]、実習生の割合が高いのは八代、玉名地域であること、産業別では製造業と農業、林業が多いこと、結果として外国人が県内に散在し、行政等による支援が受けにくいこと等が挙げられる。

実習生の増加と共に、実習生をめぐる問題も増加しつつある。熊本市内にある外国人支援組織「コムスタカ　外国人と共に生きる会」に寄せられた熊本県内の実習生による相談は、二〇〇八年二月から一八年一二月までに八〇件あり、実習生の国籍は、中国籍、フィリピン籍、インドネシア籍、新日系人[11]、ベトナム籍となっている。このうち、解決事例は三六件、未解決事例は四四ケースで、研修生、実習生が途中で踏み切れず断念・中断し未解決となったケースが四四ケースとなっている。相談の多くは雇用に関する問題で、長時間労働、賃金の未払いや残業代、研修計画外の就労などである（中島 2020: 125）。ベトナム人実習生の妊娠、出産の問題も、近年メディアで取り上げられている。二〇一九年にはベトナム人実習生の女性が日本で産休を取って出産し、産後実習に復帰したいという相談がコムスタカに寄せられ、最終的には希望通り日本で出産・育児支援を行い、日本で生まれた子どもに「特定活動」の在留資格が日本で初めて付与され、子どもは数か月の育児後にベトナムに帰国、母親は実習生として復職することができた[12]。停止したかに見える景色も、確実に変化している部分もある。

本書のなりたち

本書はベトナム人実習生と日本人の相互イメージのなかでも、とりわけそれが表象する意識と、二つの異文化という空間の関係のあり方に関心を向けている。本書は七つの章から構成されている。

序章では、二〇二〇年コロナ禍で世界的な人の移動が止まったことにより、それまで見えにくかった日本の、特に地方におけるグローバリゼーションの歪みが明らかになりつつある現状について、実習生に関する新旧の報道を取り上げて概観した。

第1章では、本書のテーマ、目的、使用する資料、異文化理解・異文化適応における研究、そして援用する理論と本書の書名について述べている。テーマとして、近年地理的に離れた空間が消費と市場の働きにより急速に関係付けられてきたこと、異なる文化の表象の形成は双方の歴史的・社会的要因によること、そして、互いの表象は表裏の関係にあることを挙げる。本書の目的はこれら三つのテーマを通じ、地方におけるトランスナショナルな空間の記述を進め、グローバリゼーションがもたらした空間の変容と、空間の表象に潜む意識を批判的に明らかにすることである。

第2章では、八〇年代から外国人居住者の急増する日本の状況と、留学生政策、入管法改正等の外国人受け入れ政策を概観し、世界的に移民労働者が増加している現状について述べ、日本における外国人の低賃金・単純労働が東南アジアにシフトしてきた経緯をまとめる。

第3章では、日本における外国人労働者の問題について、移民の移動の原理の変化と、それに伴う社会の変化との関わりについて述べ、排除型社会について実習生の事例に照らして考察する。次に、送り出し国であるベトナムの経済を中心とした現状を概観し、実習生の問題が経済情勢、政策、社会システムにより構築された構造的な問題であることを述べる。最後に、SNSが移動の心理的距離を縮めていること、新たなSNSコミュニティの活用が今後の実習生支援に有効であることを述べている。

第4章では、まず、諸外国の日本・日本人に対する意識調査を概観し、留学生など定住外国人の増加と共に日本人が誰にどう見られたいのかという対外意識も変化していることについて論じる。次に、異文化適応における実習生を対象とした調査の課題と、筆者が二〇一八－一九年にホーチミン市と熊本市で行った実習生に対する対日意識の調査の概要を述べ、結果の考察を行う。また、それにより抽出されたベトナム人の日本に対する表象のうち、「都市性」「権威主義」について事例を挙げながら論じる。

第5章では、日本人の対外意識、日本人大学生のベトナム・イメージ、日本のメディアにおけるベトナムの記述を取り上げ、そこにオリエンタリズムの眼差しの存在を指摘する。そして、日本人のベトナムに対する表象として「オリエンタル・アジア」「フレンチ・コロニアル」の二種を取り上げて論じる。

第6章では、まず、第4章及び第5章で取り上げた「都市性」「権威主義」と「オリエンタル・アジア」「フレンチ・コロニアル」という四つの表象の関係を述べる。「都市性」と「オリエンタル・アジア」は中心性というベクトルの上に、「権威主義」と「フレンチ・コロニアル」はポストコロニアリズムという意識に、それぞれ位置付けられる。これらの表象は実習生をめぐるベトナムと日本の空間論的な関係――「市場と消費の空間」としての都市である日本と、「空間の消費」の目的地、リゾートとしてのベトナム――を表す。ベトナムから日本に移動した実習生にとって、本来、日本は働く場所であると同時に、「空間の消費」のための余暇の場所であることも要求されるが、これが満たされていないと逸脱などの社会問題が起きる。最後に、現在ＳＮＳの仮想空間が実習生の余暇の空間を代替しているが、実習生が日本で充実した生活を送るためには、「都市への権利」、「差異への権利」という新たな人権概念による権利が必要であり、その獲得のためには、実習生を取り巻く人的ネットワーク、同世代の日本人との交流などが有効であることを提言する。

注

1　現在の技能実習制度の原型は一九九〇年実施の入管法成立を契機とする。九〇年入管法では定住者ビザの新設により日系南米人の就労が合法化されると同時に、在留資格として「研修」が新設され、研修一年・実習二年の計三年を在留期限としたが、「研修生」は労働基準法対象外であることから二〇一〇年入管法改正により技能実習制度が改正され、在留資格「技能実習」が設けられ「技能実習生」に一本化された。二〇一六年「外国人技能実習法」が公布、翌一七年一一月に施行され、監理団体を許可制とする等の管理強化と受け入れ人数の拡大が行われた（詳細は上林 2017: 13-20）。

2　「県内への外国人技能実習生コロナ拡大で七一七人の入国が遅れる　県の見通し」『熊本日日新聞』二〇二〇年六月一七日朝刊。

3　本書の新聞記事の引用に当たっては紙幅の関係で改行を省略している。また、本件は熊本の外国人支援団体「コムスタカ　外国人と共に生きる会」により解決し、会社側が実習生一二人に未払い賃金二五二四万円を支払うことで和解が成立した。『毎日新聞』二〇〇八年九月二〇年、地方版熊本：21

4　出入国在留管理庁「本邦における不法在留者数について（令和二年七月一日現在）」（二〇二〇年一〇月九日、報道発表資料）二〇二〇年一二月三〇日閲覧。

5　『外国人研修生・実習生と日本人の相互イメージの形成』二〇一八－一九年度 JSPS 科研費 JP18K12437（研究代表者：塩入すみ）、「外国人散在地域における技能実習生の言語環境と大学生による派遣型学習支援の試み」二〇二〇－二一年度、JSPS 科研費 JP20K13097（研究代表者：塩入すみ）。

6　「将来の都道府県別生産年齢人口表一九」国立社会保障・人口問題研究所HP二〇二〇年八月一日閲覧。

7　『西日本新聞』朝刊、二〇一八年七月一二日。

8　「外国人労働者の属性」厚生労働省熊本労働局 Press Release 二〇二〇年一月三一日。

9　「産業別外国人雇用事業所の割合」厚生労働省熊本労働局 Press Release 二〇二〇年一月三一日。

10　「事業所規模別外国人雇用事業所の割合」厚生労働省熊本労働局 Press Release 二〇二〇年一月三一日。

11　新日系人は戦後フィリピン人と日本人の間に生まれた日系二世のこと。主に八〇年代に興業ビザで来日したフィリピン人女性と日本人男性の間に生まれた子どもを指す。

12　「コムスタカ　外国人と共に生きる会」ＨＰより、二〇二〇年一二月一五日閲覧。

第1章　この本について

日本がその経済を国際化し、東南アジアにおける主要投資国になるにしたがい、――意図すると否とにかかわらず――商品・資本・文化の流通のためのトランスナショナルな空間を創出し、それが今度は人々の流通のための諸条件を、すなわち国際労働市場形成の初期段階をつくり出す、ということになるのであろうか。

（サッセン 1992: 10）

本章では、本書のテーマ、目的、使用する資料、異文化理解・異文化適応における研究、そして援用する理論と本書の書名について述べる。テーマとして、地理的に離れた空間がいかに関係付けられるか、異なる文化のイメージはどのように形成されるのか、そして相互のイメージの関係について述べる。

トランスナショナルな空間の記述

本書で述べるテーマは、(一)近年地理的に離れた空間が消費と市場の働きにより急速に関係付けられてきたこと、(二)異なる文化が互いに付与し合う表象の形成は双方の歴史的認識や商業的意図など歴史的・社会的要因によること、(三)形成される互いの表象は表裏一体の関係にあるということである。

本書の目的は、これら三つのテーマを通じ、地方におけるトランスナショナルな空間の記述を進めるとともに、グローバリゼーションがもたらした空間の変容と、それぞれの空間の表象に潜む意識を批判的に明らかにすることである。そして、長期的には異文化理解研究と移住労働者の問題解決に、新たな視点を提供したいと考えている。

本書で用いる資料は、主として二〇一八年から二〇年にかけて行った「外国人研修生・実習生と日本人の相互イメージの形成」(JSPS科研費JP18K12437)に関するアンケート及びインタビュー調査であるが、その他、新聞、雑誌、ブログなどを収めたデータベース資料等を用いている。また、分析に援用している理論は、ルフェーヴルの空間論、ポストコロニアル理論、カルチュラル・スタディーズである。いささか節操のない煩雑な手法であるかもしれないが、現在の日本の各地で生じている外国人労働者に関わる問題は、実に多くの領域に跨る問題を含んでおり、従来の研究範囲には収まり切れない可能性を含んでいる。

かつての異文化理解に関わる分野の研究は、地理的な空間と経済・政治という抽象的なシステムの空間がナショナリティという統一体で一致していることを前提としていた。しかしながら、八〇年代に始まるとされる現在のグローバルな時代[1]の流れは、従来のそうした空間の認識を変化させつつある。ホール（1995: 190）はグローバリゼーションを「地球上の相対的に分離した諸地域が単一の想像上の『空間』のなかで相互に交流しあうようになる過程」と定義しているが、直接の接触をもたない人々が相互に関係していると認識し、お互いのイメージさえ形成することができるということは、異文化に対する認識や理解が心象の空間というレベルで進んでいることを意味しており、こうした空間は国家の枠組みを超えたトランスナショナルな空間であると言える。

日本では九〇年代以降、外国人低賃金労働者の大量移入により市場経済を軸とする一元的価値観が地方の地域の末端まで浸透し、トランスナショナルな空間が生み出されている。その空間では労働力と賃金という基準により外国人と日本人の差は一旦解消するものの、構成員の内部で差異化が行われ、新たな階層を生んでいるというローカルな現実もある。

筆者がこうしたトランスナショナルな空間を肌で意識したのは、三年前に熊本県内の工場で外国人実習生と働く日本人社員にインタビューをした時である。インタビューを終えて録音を止めた途端、それまで実習生に寛大だった言動が豹変し、暴言とも言える言葉が漏れ出した。

「ヤツラ、クサインダヨ」

だが、よく聞くと彼の不満のほとんどは会社に対するもので、給与や残業手当の低さが原因だった。

彼は線を引きたかったのだ。そうしなければ、彼と外国人は同じ低賃金労働者として、同じ高さに立つことになってしまう。それがトランスナショナルな空間だ。

不可視の存在

地方のトランスナショナルな空間の内実は見えにくい。一見すると昔から変わらない田舎の風景の中に建つ半導体工場、食品工場、造船工場の作業場、農家の畑と貯蔵庫には、様々な国から来た実習生の生活する空間が広がっている。果たして、そこは「日本」なのだろうか。トランスナショナルな空間は、オリンピックや国際交流といったカラフルなものでは決してない。そこは、偏見、誤解、差別、そして理解、歓喜もある日常の空間であり、絶え間ない大小の異文化摩擦の続く、生々しい空間である。

二〇二〇年初秋のある日の夕刻、熊本市郊外の大規模農家を訪れた。朝四時からの農作業に疲れた中国人実習生の女性たちは一日の作業を終え、思い思いにくつろいでいる。緑の畑を吹き渡る風に吹かれながら、母国に残した我が子と携帯電話で話している人もいる。その空間には、日本とは明らかに異なる空気が流れている。携帯で話し続ける女性の眼に日本の景色は映っていない。彼女たちは年齢も平均三〇歳ほどで、中国に夫や子どもを残し、金のためと割り切って日本に出稼ぎに来ている。割り切っている彼女たちは強く、休日に遊びに行かなくても平気だ。二週間に一度、経営者の運転するマイクロバスでスーパーに出かけて大量の豚肉、野菜を買い、業務用の巨大な冷凍庫に入れる。それ以外はひたすら母国の家族のために三年間働き続ける。

「仕事は大変じゃない？」

筆者が下手な中国語でそう聞くと、一二人の実習生のうち一番年下の女性が、ちょっと困った顔をして苦笑しながら、

「野菜の葉を摘むだけだから」

大陸の北の訛りの強い中国語で、そう答えた。

農家の夫妻に挨拶して外に出るとすっかり暗くなっていた。古くからあるこの集落を抜ける道には街灯も少なく、暗く静かな闇が広がるばかりである。先ほど聞いた農家の夫妻の話が思い出された。

「（外国人実習生は）この近所だけで百人くらいはいるよ」

確かに、この夫妻の家だけでも一二人の中国人実習生がいるのだから、近所の数件を合わせれば百人くらいになるだろう。小さく静かな集落に百人の外国人がいるとは、全く想像もできない。実習生たちは今頃、きっと夜の食事を終え、既に携帯電話の向こうの母国に出かけているはずだ。携帯電話やSNSの作る空間は、トランスナショナルな空間の形成を急速に進めた。

二〇二〇年晩秋の午後、熊本県南部の小さな町で、SNSで時々連絡していた一人のベトナム人実習生Hさんにようやく会うことができた。コロナ禍のため、彼女の勤める会社は、実習生が町外へ出かけることや、町外から来た人と会うことを最近まで禁じていた。聞けば、彼女の勤める会社だけで百人ほどのベトナム人実習生が働いているという。会社があるのは、人口一万五千人ほどの小さな町である。

彼女は会社と住まいを往復し、月四日の休日で三年間働く。日本でしたいことを聞くと、

「富士山に行きたい。でも、長いお休みは取れない」

と言って微笑んだ。Ｈさんは熊本に来て二年になるが、熊本城にも阿蘇にも行ったことがない。熊本市内まで電車で二時間半かかるこの町から、一日しかない休日に行ける場所は限られている。交通費もかかる。だから、彼女たちの姿はコロナ禍の前からずっと、日本人には見えない。

「富士山に行きたい」という答えは、三年前にホーチミン市でこれから日本へ行く若者たちに同じ質問をした時と、同じ答えだった。ホーチミン市にある実習生の送り出し機関のＨＰのトップ画面には、美しい富士山と桜の舞い散る日本の景色の動画が流れ続けている。だが、彼らのイメージの日本と現実の日本は、同じ日本という名前の別の空間である。トランスナショナルな空間とは彼らの生きる現実の日本であり、そこに富士山はない。

異文化適応とイメージの形成

さて、異文化間の相互イメージ形成について、異文化接触における適応の観点から見ると、実習生の日本での適応に関する調査はまだ途に就いたばかりである。従来、異なる文化に対するイメージは、社会心理学、異文化間教育の分野などにおいて個人の意識・心理として扱われ、異文化に対するイメージと適応との因果関係が問題にされてきた。それは、早期の異文化適応の研究が本来ヨーロッパにおける移民の適応に関するメンタルヘルスに関わる分野において発展したことによる[2]。日本では留学生の増加する七〇年代以降、留学生教育の分野において留学生の日本社会への適応や対日意識が具体的に議論され始め、近年では出身国別の適応に関する調査も進んでいる。また、定住外国人に関しても、外国にルーツをもつ子どもたちを中心に日本社会への適応に関する研究も進みつつある。

しかしながら、外国人実習生に対する調査はメディアなどでその労働・生活環境の問題が指摘されながらも、急増する実習生の数に比べ、具体的な調査は後れているのが実情である。その調査の難しさにはいくつかの原因がある。一つは、実習生制度による滞在年数の短さと多忙さである。現行の三年間という期間は大学の学部留学生より短く長期的な調査が困難であるほか、彼らの休暇が月四日間程度と非常に少なく、平日も早朝や深夜の作業に従事することが多いため、対面すること自体も難しいのが実情である。また、三年間という短い期間で人材が入れ替わることから、受け入れ先の日本人も実習生本人も、真剣に個人の適応の問題に臨むことには消極的にならざるを得ないという意識の問題もある。

二つ目は、実習生の受け入れ先の、外部者に対する強い抵抗感と閉鎖性である。実習生の問題がメディアで取り上げられるようになってから労働環境などに対する規制や社会的批判も厳しくなり、経営者は外部者に非常に敏感になっている。筆者が調査した工場や農家はいずれも比較的環境を整えており、調査に協力的な受け入れ先であるが、実際には調査を打診した段階で断られる事例の方が多く、また、調査が実現した場合でも雇用主が実習生への調査の様子を終始監視するような状況も見られた。現在は実習生のいる農家が増えたため状況はかなり変わっているが、当初は実習生がいることを近所にできるだけ言いたくないという農家もあった。かつて日本の過疎地へアジア人花嫁が集団見合いで嫁いでいたことがあるが、その時と似たような反応である。そこには人の不足を外国人で補うということに後ろめたさを感じる日本社会の純血意識や排他的な意識が垣間見える。

三つ目は、日本人とベトナム人の双方にある保守的、権威主義的な意識である。ホーチミン市の実習生送り出し機関を訪れた際、多くのベトナムの若者が「（日本人に）オコラレナイヨウニ」という言葉を口にしていたが、一見すると厳格な教育の結果と思われるこの言葉には双方の意識に存在する権威主義が含まれるだけでなく、調査や問題の表面化を拒む保守的な意識も窺われる。また、地方では雇用主同士の連帯感も強く、調査で他の雇用主についての情報を聞くことが困難であるということもある。

以上のような原因により、異文化接触における適応の研究において、地方に居住する実習生に対する調査は様々な困難を伴い、調査が遅れていると考えられる。

観光ビジネスによるイメージの形成

次に、異文化間の相互イメージについて、メディア・観光産業研究におけるカルチュラル・スタディーズのアプローチにより考察する方法を考えてみたい。ルフェーヴル（1968=1969）の空間論では、都市計画などの「空間の表象」と、観光産業などにより生産された「表象の空間」が結び付くことにより、物の生産による産業資本主義が空間を生産する新資本主義へ移行したことを説明する（斎藤 2000: 625）。「表象の空間」では商業目的の様々な表象が作り出される。たとえば、ベトナムの観光案内書にしばしば見られる「フレンチ・コロニアル」「アジアン・テイスト」といった表象である。こうした商業的な表象は消費文化や大衆文化を形成するだけでなく、人々の異文化に対するイメージの形成にも関わっている。それらを批判的に分析するカルチュラル・スタディーズのアプローチは、様々な文化現象に潜む心理的・社会的な意識の解釈により、双方の文化のもつ歴史・政治といった社会的背景を読み取ることを可能にする。

吉見（2011）は、東アジアにおける現在のメディアや文化の諸現象の分析において看過できない歴史的・知性的な文脈性として以下の五つ――（一）一九世紀末から二〇世紀中葉までの日本帝国による植民地支配、（二）戦後冷戦及びポスト冷戦を通じたアメリカのヘゲモニー、（三）中国共産党による大陸当地の確立、（四）中国、韓国、日本、台湾、ベトナム、シンガポールなどを含めた東アジア経済圏の急激な拡大・統合、（五）群島から成る東アジアが内包するすさまじい多様性――を挙げる。これらのうち本書で扱う日本とベトナムの相互イメージの分析において特に関係するのは、（一）日本帝国及びフランスによる植民地支配、（四）東アジア経済圏の急激な拡大・統合である。

ベトナムの観光産業の発展は一九八六年のドイモイ政策による市場経済化以降のことであり、日本の海外旅行市場においてベトナムが定番の目的地となったのは九〇年代以降である（鈴木 2010）。第5章で述べるように、観光市場の拡大により、日本におけるベトナムのイメージは「秘境」から「フレンチ・コロニアル」に変化を遂げる。ベトナムだけでなく、東アジアの文化や空間に注目した観光研究においては、特定の観光空間に対するイメージの多様性が指摘されるとともに、観光現象の文化的、空間的な特徴が明らかになっている。たとえば、観光空間の特性である「他性」（otherness）や、観光現象の特徴である「出会い」（encounter）といった概念である（神田 2013: 150）。

観光の空間の特徴である「他性」は、リゾート、楽園といった非日常のイメージであり、観光空間を日常空間とは異なる空間とみなすことである。Goss（1993）はハワイの観光パンフレットの分析で、楽園、周縁性、女性性、アロハといった表現により他性のイメージが喚起され、それによりディスティネーション・マーケティング[3]がなされていることを指摘する。また、観光現象の特徴である多様な「出会い」は、様々な人やモノなどと観光客が出会うことで、これにより観光空間はハイブリッドな空間になる（神田 2013: 149）。観光空間における「他性」のイメージは、ポストコロニアリズムと関わっている。神田（2013）は、イギリス植民地時代のインドの高原を訪れるイギリス人などのヨーロッパ人の心象について、ロマンティックなオリエンタルとピクチュアレスクな（絵のような）高山ヨーロッパという二つのイメージが他性と親しみというハイブリッドな感情を生んでいることを指摘する。こうした観光空間は観光する者に構造的に依存しており、「野卑な下層市民／女性／野蛮な外国人／田舎／植民地」が想像上で結び付けられるという表象の操作がなされ（ストリブラス&ホワイト 1995）、観光という商業的意図による「他性」のイメージと表象の付与が、政治的・社会的な空間の支配と密接に関わっていることが指摘されている（神田 2013: 149）。

現在、日本によってアジア諸国に投影される観光に関するイメージも、かつてのイギリスとインドの高原に類似するオリエンタリズムの眼差しをもち続けている。アジアの観光地の土産物や民芸品などに対する日本人の意識を批判する流れもある。竹中（1999）は日本の帝国主義下において朝鮮や沖縄の民俗芸術を評価した柳宗悦に対し、特権階級からの政治的無自覚な評価であるという批判を行っているが、こうした批判を受け、岡田（2003）は日本の女性雑誌における東アジアの表象を分析し、そこにオリエンタリズムの眼差しを見出している。岡田の分析は、日本の女性雑誌の商業的な文言を通じ、「アジアン・ビューティ」というアジアの女性に対する画一的なイメージや、アジアン雑貨に対する「素朴さ」「懐かしさ」という表象に潜むオリエンタリズムを炙り出している。ベトナムに対する日本の眼差しについては、第5章で詳しく述べることにする。

ルフェーヴルの空間論により、「表象の空間」としての観光の空間の資本主義における位置付けと、そこで様々な表象が生み出されることが説明される。そして、その表象の批判的な分析はカルチュラル・スタディーズによってなされることになるが、日本とベトナムの間に存在するオリエンタリズムの眼差しは、現在のベトナム観光の表象にも注がれている。以下では、本書で用いる空間論の概要をごく簡単に述べておきたい。

空間と表象

一九八〇年代後半から九〇年代前半に、人文・社会科学は「文化論的転回」(Cultural Turn)「空間論的転回」(Spatial Turn)という大きな変化を迎える。「文化論的転回」は、言語論的転回を受け社会理論に浮上してきた文化概念の転換であり、文化を「記号により構成され、様々な不平等、差別と排除を伴って政治的に構築されている」とみなし、「表象の戦場」と考える(吉見 2003: 13)。一方、「空間」もまた、社会的に構築されるものと見なされるようになる。ルフェーヴルによる空間論は、空間を純粋な容器ではなく、そこで社会的な関係が生産、再生産される一種のメディアと見なす。すなわち、心的空間と現実の空間を隔てている距離を問題視し、空間を主観的形式でも客観的秩序でもなく、社会的に構成されたものとして捉え直し、地理学において「都市、地域、場所、景観、地図という空間化された表象自体の歴史性、政治性、社会性を問うと同時に、人間の知覚、思考、行為を包摂した社会それ自体の空間性を捉え返す」という認識を方向付けた（南後 2006: 190）。

文化や空間を表象と見なし、社会的に構築されるものと捉える考え方は、一つの文化に対して付与される表象のもつ歴史性、政治性を問うことだけでなく、二つの文化に与えられた表象の相互関係を歴史的・政治的に明らかにすることも可能にするであろう。ベトナムの若者たちが日本に対して抱く「ベトナム人に対して差別的」というイメージは、日本人がベトナムに付与する「フレンチ・コロニアル」というイメージと表裏の関係にある。ベトナムの植民地としての歴史を無視し、欧米に高級感の権威付けを求める日本と、日本から差異化され、歴史を無視されるベトナムの関係には、ポストコロニアリズムの意識が潜んでいる。

次に、ルフェーヴルの空間論において展開される空間認識の三つの概念――「空間的実践」、「表象の空間」、「空間の表象」――について簡単に述べておくと、それぞれ知覚されるもの（日常生活の物、住居等）、思考されるもの（都市風景や都市的なものの抽象的空間）、想像されるもの（国土開発、交通システム等社会総体）と特徴付けられる。たとえば、ルフェーヴルによるローマの分析例を模して現在の熊本市の空間から生産される「保守」のイメージを分析してみると、まず、「空間的実践」は熊本城を中心として熊本市内のかつての城下街に残る街並みと城下を意味する町名（駕町、呉服町）、地域全体に多く見られる瓦屋根と石垣を用いた家屋に相当する。これらの建築様式や町名は江戸時代の細川家による支配関係に結び付けられ、その象徴である城は現在も政治の中枢である市役所の窓から一望できるようになっている。次に、「空間の表象」は旧城下町から熊本城下を通り自衛隊駐屯地までを走る路面電車や、熊本城下の地域を中心として放射線状に広がる道路等の交通システムである。そして、「表象の空間」

は、男性原理（軍事的・政治的・領有的）を維持せんとする保守的な空間である。

ルフェーヴルの空間論で特に本書と関わるのは、「消費と市場の空間」と「空間の消費」の関係である。「消費と市場の空間」としての日本という工場と、「空間の消費」の対象となる観光地ベトナムは、いずれも「新資本主義と新帝国主義が支配する」（ルフェーヴル 1974=2000: 508）空間であり、前者で働く日本の人々が余暇を求め、リゾートのためにベトナムに向うという関係を示している。さらに、日本という巨大でトランスナショナルな「消費と市場の空間」では、多くのベトナム人の移動により、日本とベトナムの地理的な距離が融解し、脱領土化の様相を呈している。二〇二〇年のコロナ禍において、外国人実習生が来日できずに滞った日本の産業の窮状は、日本とベトナムがトランスナショナルな「消費と市場の空間」に共存することを示すと同時に、絶対的な空間の崩壊とそれに対する不安というポストモダニズムの意識（斎藤 2000: 638）を暗示している。

もう一つ、ルフェーヴルの理論が異文化接触に関わる問題を扱うのに有益であるのは、彼の提示した二種の人権問題に対する新たな概念――「都市への権利」「差異への権利」である。前者は労働、教育、健康など生活への権利として都市生活の時間と空間を享受する権利、後者は近代における抽象的な個人の権利という人権概念を再考し主体的に差異を創造する権利である（斎藤 2000: 642）。

近年、国民国家と結びついた抽象的個人の権利という近代的な人権概念を再審理し、諸個人の多様性に着目して、エスニシティ・セクシュアリティ・ジェンダーの差異化を相互承認し、多文化主義や複合的アイデンティティの形成を認めようとする新しい人権概念が登場しつつあるが、ルフェーヴルの人権概念はこの動きを先取りし、社会空間論を人権論としてとらえかえす先駆的な研究となっている。

（斎藤 2000: 642）

第6章で人権と空間論の関わりについて述べるが、空間論の新たな人権概念は、「日本人と平等に扱ってほしい」というベトナム人実習生の声に対し、近代の市民的平等に基づく人権とは異なる、人の身体や本能を重視した（おそらくアジア的でもある）新たな観点から応える可能性を示している。

最後に、ＳＮＳ空間をめぐって、社会空間論の応用とも言える考え方を見ておきたい。ハーヴェイ（1989=1999）は八〇年代後半のポストモダニティへの変化が政治・経済の領域と文化の領域において同時的に生じたことから、二つの領域の変化を結び付ける媒介として「時間 - 空間の圧縮」による経験の変化に着目した。経験の変化は表象の変化をもたらし、その結果、文化的実践に変化が生じると考える。「時間 - 空間の圧縮」は、空間的な障壁を克服するために交通・輸送手段のような空間の生産が新たに必要となるという矛盾した現象である（和泉 2006: 216）。時間 - 空間の圧縮は外国人が日本で労働し生活することを可能にするが、そのためには交通手段、電話やＳＮＳといった通信システムによる空間の生産が不可欠で、越境の距離が大きいほど通信システムによる空間への依拠が大きくなり、その存在価値が増すことになる。

表象のベトナム

以上、概観した空間論を踏まえ、改めて本書のタイトル「表象のベトナム、表象の日本」（Representational Vietnam, Representational Japan）について述べておきたい。このタイトルは、ルフェーヴルの提示した三つの空間認識の概念のうち、イメージや心象、表象などに最も関わりのある抽象的空間としての「表象の空間」に拠っている。「表象のベトナム」は日本人がベトナムに与える表象を指し、「表象の日本」はベトナムの人々が日本に与える表象を指す。

異文化間で相互に付与する表象は、表裏の関係にあると考えられる。個人の人間関係においても、相手に対して抱くイメージは、相手が自分をどう思っているかという認識の上に成立していることが多いはずである。従来の外国人に対する対日意識の調査において、日本人のイメージは「勤勉」「親切」「つめたい」等の評価が上位に挙げられることが多かったが、これらの中で「つめたい」という評価は、特にアジア系留学生の対日意識で上位に挙げられる。日本人は「つめたい」というアジアの人々の評価の裏には、アジアの人々が対人的態度に温かさを求める意識や、日本人の欧米偏重、さらには、アジア軽視・蔑視の意識の存在も指摘できるであろう。

ほかにも、異文化へのイメージが相互に関係することが比較的わかりやすいのは、日本と韓国、台湾、中国といった近隣の東アジア諸国との間の相互イメージである。反日、嫌韓、親日、反中といった言葉はいずれも、相互イメージの片側を表す言葉である。ところが、ベトナム、インドネシア、タイなど東南アジア諸国のイメージとなると、近隣の東アジア諸国に比べ直接的な接触が少ないこともあり、双方のイメージの形成はメディアなどの間接的な情報に大きく影響されていることが予測される。また、ベトナム社会において重要とされる口コミによる情報入手は、若年層ではSNSに取って代わり、SNSコミュニティにおける情報がイメージ形成に大きく影響していることが予測される。

次に、「表象の空間」という概念を本書でいかに援用しているかを述べておきたい。「ベトナムのイメージ」と言った時に語られる一見雑多な、様々なイメージは、ベトナムという場所、空間に帰属しているという共通点はあるものの、ルフェーヴルの呈示した三種の空間概念に分類することができる。すなわち、植民地時代の建築物のように人間の活動を含んだ成果物は「空間的実践」に、「近年経済発展が著しい国」「後進国」「社会主義国」といった資本や制度、政治などの抽象的空間を意味するイメージは「空間の表象」に、そして「ベトナム人は犯罪が多い」「ベトナムの女性はきれいだ」「ベトナムの雑貨は素朴でかわいい」といった具体的な生活空間における様々な文化現象は「表象の空間」に、それぞれ属していると考えられる。

ここでの「空間」は必ずしも物理空間としてのベトナムとは一致していない、心的空間、あるいは社会空間である。「ベトナムは発展途上国である」という時の「ベトナム」は、物理的空間というよりも経済システム、社会制度など抽象的な社会空間を指している。また、「ベトナム人は犯罪が多い」というイメージは、実際には日本に居住するベトナム人に対するイメージであるが、「ベトナム」という心的空間に属する意識となっている。また、社会空間、心的空間は相互に関係し合っていると考えられる。たとえば、「発展途上国である」という社会空間は、労働力の輸出を引き起こし、「犯罪が多い」という社会状況に繋がっている可能性がある。これは、社会空間が心的空間と密接に関係している例である。

さらに、「表象の空間」は、規範・価値・倫理・差別といった多様な文化的コードを含むため、「空間の表象」により抽象化、制度化された表象に対し、批判する社会的動力をもつ空間であり、そのために「既成の空間秩序を組み換える糸口としても設定されていた」（南後 2006: 198）。すなわち、諸空間の連動は、規制の秩序を批判し、社会に対して働きかける可能性を包含しており、空間論によるカルチュラル・スタディーズ、批判的な諸理論への接合が可能になっている。

たとえば、「表象の空間」において、日本人の「ベトナム女性」（華奢な、優しい、おとなしい）や「アジアン雑貨」（素朴な、懐かしい、かわいい）に対するイメージは、二項対立的なオリエンタリズムの意識を含む表象であり、ベトナムという空間に対しオリエンタルな表象を付与したメディアや、観光産業への批判を含んでいる。カルチュラル・スタディーズは、「表象の空間」と「空間の表象」との関係を往復して批判的分析を行うことで、最終的には「空間の表象」を変えていくという循環の中に存在すると位置付けることができる。さらに、「表象の空間」は世界を再生産する「空間的実践」とも繋がり、「表象の空間」に付与されたオリエンタルな表象は、ベトナムの都市に散見する「フレンチ・コロニアル」な歴史的建造物という「空間的実践」として具現化している。

三つの空間概念の連動する模式は、様々な思想や文化現象の説明を可能にする。斎藤（2000）はハーヴィが『ポストモダニティの条件』においてポストモダニズムの思想を「表象の空間」の位相で理解しようと試みた例を挙げている。そこでは、ポストモダニズムの文化の諸形態が、「空間の表象」における経済体制の多様化・柔軟化と結び付いている。

日本人にとっての「表象のベトナム」におけるポストコロニアリズムの意識もまた、「空間の表象」におけるベトナム、日本双方の経済・社会体制の変化と密接に連動している。なかでも本書で扱う日本の技能実習制度は、先進諸国の高齢化に伴う人材の移動を促す体制としてベトナムと日本双方の空間に出現したが、双方の「表象の空間」において差異の意識に基づくポストコロニアリズムの思想を顕在化させ、批判理論に結び付く可能性を秘めている。「表象のベトナム、表象の日本」は、ベトナムと日本、相互のイメージに含まれた双方の意識を批判的に炙り出し、社会に働きかけていく可能性を示している。

注

1　サッセンは一九八〇年代に高度資本主義が新たな段階、本源的蓄積に修正を加えた段階に入り、世界経済の縮小、地球全体の生物圏の加速的破壊、極度の貧困の再燃が生じていると述べている。（サッセン 2017: 29）

2　異文化適応研究の流れについての詳細は塩入（2018）を参照のこと。

3　ツーリズム・デスティネーション・マーケティング（tourism destination marketing）とは、ある地域を潜在的観光客に選ばれる観光目的地（tourism destination）とするための戦略立案とその実践を意味する観光用語である（岡田 2014: 1）。

第2章　彼らの見た景色

早朝外に出ると、街頭には誰もいない。だが、犬と私がひいひいと家にたどりつくまでには、誰が見てもぼこぼこで古びたステーションワゴンとピックアップトラックとすれちがう。ゆっくりと止まったこれらの車が降ろした積み荷は、褐色の肌の男性である。静寂のなか、かれらは働く準備にとりかかり、芝生を刈り、豪華な垣根を整え、スプリンクラーをチェックし、そして自然のごみであるシュロの葉、ユーカリの葉などを掃除している。

（Rieff 1993; ヤング 2018: 175[1]）

この章では、八〇年代から外国人居住者の急増する日本の状況と、留学生政策、入管法改正等の外国人受け入れ政策を概観し、世界的に移民労働者が増加している現状について述べ、日本における外国人の低賃金・単純労働が東南アジアにシフトしてきた経緯をまとめる。

東京の景色

日本のグローバリゼーションの内実は、特に地方において、これまであまり顧みられることがなかった。実は、コロナ前から多くの人の眼の片隅には、以前とは異なる日本の景色が映っていたはずだが、ほとんどの人は見えない振りをしていたか、あるいは認識さえしていなかったのかもしれない。だが、実は三〇年も前から、日本の日常の景色は、ニューヨークやロンドンと同じように、都市部とその周辺から確実に変化していた。

二〇一九年一一月、日曜日の早朝、新宿から京王線の電車に乗った。ホームには日曜早朝だというのに、アジア系外国人の若者が溢れていた。乗車して、明大前を過ぎたあたりで驚くべきことに気付いた。筆者の乗った車両には三〇人ほどの乗客がいたが、日本人（らしき人）は筆者一人だった。乗客たちの外貌と、楽しそうに話している言葉から、彼らが東南アジアの若者たちで、おそらく実習生や留学生であることが推察された。秋晴れの休日、彼らは友人と連れ立って、人気の観光地である高尾山に紅葉を見に行くらしい。もう一度車内をゆっくり見回したが、やはり日本人らしき人は筆者だけであった。隣の車両も似たような状況だった。一瞬、自分がどこにいるのかわからない感覚を覚えたが、確かに東京の、日曜早朝の景色であった。だが、類似した景色は、日本より早くアメリカやイギリスの都市でも、そして、九〇年前後には日本の都市部とその周辺、さらに、二〇二〇年の現在では、地方の小さな町でも見られるようになった。

七〇年代半ば以降、先進諸国における経済的・社会的な変容は、都市の労働市場においてインフォーマル経済と言われる流動性の高い非正規雇用の増加を齎した。アメリカでは白人が都市部から郊外へ脱出すると同時に第三世界からの移民が都市中心部へ流入し、ロンドンでも九一年には居住人口の二〇％をエスニック系少数民族が占めるようになった（サッセン 2003: 89）。日本では九〇年に「出入国管理及び難民認定法」（入管法）が改正、施行され、これにより定住者の在留資格が創設されて、日系三世まで就労可能となった。日本の在留外国人数は九〇年末に約一〇八万人であったが、約三〇年後の一九年末には約二九三万人となり、三倍にも増加している[2]。在留外国人の集中する東京では、九一年に約二二万人で東京都総人口の一・九％であった外国人居住者が、二〇二〇年には約五八万人、四・二％と倍増した。特に外国人居住者の最も多い新宿区では、二〇二〇年、住民の一一・二％は外国人となっている[3]。ただし、東京都のこれらの数字は正式に登録された人数であり、不法滞在者などは含まれていないため過小に算定されており、実際の数はもっと多いという指摘もある（サッセン 2003: 89）。

日本における外国人居住者の急激な増加は、九〇年前後の不法就労外国人の増加に始まる。当時の状況を『平成二年警察白書[4]』で見てみると、第一章として「外国人労働者の急増と警察の対応」が挙げられ、日本における外国人労働者急増の実態、その犯罪の状況、海外（西ドイツ、フランス、英国、オーストラリア）における外国人労働者問題の現状と対策が分析されている。冒頭では不法就労者の急増について「大都市圏では、市民の日常生活においても外国人労働者と接する機会が多くなっており、外国人労働者の急増ぶりを実感することができる状況になっている」と述べられている。

また、入国管理局が「資格外活動又は資格外活動がらみの不法残留事犯により摘発した外国人」の数は、八九年には八四年の約三・五倍に当たる一万六六〇八人に上り、不法就労者が逐年増加している状況が窺われるとしている。当時の不法就労者の国籍や男女構成にも特徴がある。八九年に摘発された不法就労者を国別に見ると、フィリピン、パキスタン、韓国、バングラデシュとなっており、フィリピン人は女性が多く、パキスタン人、バングラデシュ人はほぼすべて男性である。同白書によれば、八三年頃には「じゃぱゆきさん」と言われる風俗営業等で働く東南アジアの女性が目立ち始めたが、八五年ごろから単純労働に従事する男性が増え始めたという。

就労目的の留学生の増加が問題になったのもこの頃である。同白書によれば、八八年には日本語学校等での就学を目的とする外国人の数が前年の二・五倍と急増した。これは、八三年中曽根内閣による「留学生受け入れ一〇万人計画」という日本政府の政策と、七八年以降の中国の改革開放政策における留学生派遣政策が大きく影響していると考えられる（坪井 2006: 2）。

その後の入国審査の厳格化により日本語学校での就学を目的とする外国人の新規入国者数は、八九年には前年の四八・二%減となったが、今日までの傾向として、日本語学習者、日本語教師、日本語教育機関は増加の一途を辿っている。一九九〇年から二〇一九年への推移を見ると、日本語学習者数は六万六〇一人から二七万七八五七人（四・六倍）、日本語教師数は八三二九人から四万六四一一人（五・六倍）、日本語教育実施機関・施設数は八二一から二五四二（三・一倍）にそれぞれ増加している[5]。外国人のいる景色は、急速に日本の日常となった。

ナショナリティとしての移民政策

外国人のいる日常の景色を作り出しているのは、グローバリゼーションという漠然とした、時代の流れ的な要因では決してなく、明らかにナショナリティ、すなわち各国の国民国家としての経済・移民政策の結果である。日本において九〇年の入管法改正は、外国人労働者獲得のための法整備として最も顕著な政策として常に論じられるが、それを促したのは八〇年代の経済界の需要であり、当時すでに不法就労が増加していたことや、八〇年前後に打ち出された日本の留学生政策、及び中国の留学生派遣政策などもそうした経済的趨勢を後押しするものであったことは、入管法改正とともに論じられる必要がある。以下に、改正入管法施行前後の関東の工業地帯における景色の変化を詳細に描写する新聞記事を引用する。

【入管法改正で日系二、三世が新労働力に】

街が変わった。戦後二番目の好景気で人手不足が進む中、群馬県太田市を中心とする「東毛工業地帯」では、パキスタンやバングラデシュなど、アジア系の不法就労外国人を低賃金で大量に雇用してきた。このため、一時は街に彼らがあふれていたが、改正入管法（出入国管理及び難民認定法）が施行されて一ヵ月以上を経過したいま、街から彼らの姿が激減、代わって日系ブラジル人が急増している。そしてまた、巧みに変身した人材派遣ブローカーが暗躍しはじめた。自動車、家電製造を中心に発展してきた「東毛」

は、ここ数年、人手不足に悩まされていた。その担い手としてアジア系外国人の不法就労が二年前ごろから目立ち始め、「最高時には四、五千人はいたろう」（太田労働基準監督署）というほどにまで増えた。街中央の「東武太田駅」前電話ボックスも、しばしば、故郷に電話するアジア系外国人労働者に占領されていた。六月一日に施行された改正入管法では、外国人不法就労者を締め出すため、不法人材派遣業者、雇用事業者への罰則を規定している。この施行後、「東毛」のアジア系外国人は激減。英字新聞の「改正法では不法在留者は刑務所に入れられる」との誤報記事が原因とみられ、「最高時に比べて八割は減ったでしょう」（太田職業安定所）。アジア系外国人がいなくなって困ったのは、彼らを救世主として就労させてきた中小企業主たち。再び人手不足に直面し、設備投資に費やした資金の回収もままならない。そこで企業主たちは、研修名目で「合法的」に単純労働ができる日系ブラジル二、三世に白羽の矢をたてた。「太田経営者協会」や「東毛地区雇用安定促進協議会」などを設立、ブラジルから就労者を直接雇用するようになった。（後略）

（『エコノミスト』一九九〇年七月二一日[6]）

景色はさらに変化する。九〇年代にバブルが崩壊しデフレが進むと、国内の生産拠点の海外移転が進み、それと並行して非正規雇用の外国人労働者が増加した[7]が、九三年に「技能実習制度に係る出入国管理上の取扱いに関する指針」（平成五年法務省告示第一四一号）により在留資格「特定活動」の一つとして技能実習制度が創設され、団体管理型により協同組合などの仲介システムが研修生を受け入れて中小企業に振り分ける方式を取ったことで、中小企業にも低賃金の労働力が供給可能になった。この仲介システムには日本と送り出し国双方の既得権益団体が関わっており、その後の実習制度の実質的なシステムがほぼ確立された。当時このシステムは、中国人を中心とする研修生[8]が中心であったが、当初より長時間労働、パスポートの取り上げ、セクハラなどの問題が山積し、安田（2007）によれば、二〇〇六年末の岐阜労働局による抜き打ち調査では、九割の企業で労働法違反が見つかっている。こうした問題の根底にあるのは、日本が経済・移民政策の基本として、安い労働力を外国人に求めるという本音を国際貢献、技術指導等の建前で覆ってきたという矛盾である。九一年に法務省等五つの省庁の共同管轄で設立された国際研修協力機構（JITCO）は技能実習制度について、「一九六〇年代後半頃から海外の現地法人などの社員教育として行われていた研修制度が評価され、これを原型として一九九三年に制度化されたもの」と説明しているが、大企業の社員教育を原型として技能実習制度が制度化されたかは疑わしい（澤田 2020: 18）。

農家の景色

二〇〇〇年後半になると、各地で研修生・実習生をめぐる悲惨な事件も起き、技能実習制度の問題は社会問題化する。二〇〇六年八月、千葉県木更津市の養豚場で働いていた中国人研修生が、仲介団体である農業組合の理事を刺殺する事件があった（安田 2007）。莫大な来日費用の借金、低賃金の労働、強制帰国という外国人実習生に付きまとう循環が原因であった。二〇〇九年一一月には、熊本県で中国人研修生が研修先の農家夫婦を殺害、自身も自殺した。

事件は八日、熊本県植木町の農家から「誰かが自殺したようだ」との一一九番通報があり、警察官が駆けつけたところ、農業研修に来ていた中国人の王宝泉さん（二二）が首をつって死んでいるのが発見された。その後、この家に住む広地宏一さん夫婦の遺体と意識不明で倒れている親戚女性も見つかった。王研修生が大量の返り血を浴びていることから、警察は研修生が夫婦を殺害し、その後自殺を図ったものと見ている。王研修生は六月下旬に来日したばかりだった。王研修生は前日から体調不良を訴え、休みたがっていたようだ。だが、広地さんが経営する野菜販売店の従業員によると、広地さんは休みを認めず、大声で「早くこっちに来い！」と叫んでいたという。また、近所の人の話では王研修生は繁忙期には連日早朝五時から深夜まで働いていたほか、最近は何度も広地さんに怒鳴られる姿が目撃されていた。

（『日本新華僑報』蒋豊ブログより、Record China, 二〇〇九年一一月一一日掲載[12]）

景色はさらに、既視感を伴いながら、重なりつつ変化する。二〇一六年には実習生の数はベトナムが中国を上回り、一九年には実習生の五三・二%を占めた[13]。だが、これだけ増えた実習生の存在を知るのは、労働災害、長時間労働、人権問題等を伝える報道によることが多く、日常生活で直接彼らと会うことはごく少ない。コンビニで働いているのは留学生で、実習生たちはビニールハウスや工場の中にいる。日本人の大学生に実習生の存在を知っているか聞くと、自宅の近所の農家に実習生がいる場合は知っているが、そうでない限りは実習生制度の存在も、留学生との違いさえ知らない学生も少なくない。

二〇二〇年八月、長野県小諸市レタス畑で作業中の「外国人」二人が雷に打たれ、一人が死亡した。雷雨の中彼らはなぜ作業していたのかと疑問に思った人は少なくないだろう。ニュースでは「実習生」

という言葉も使われず、国籍も言及されなかった。同年九月、宮崎県椎葉村で台風による土砂崩れが発生し、建設会社と住居が押し流され、経営者の家族とベトナム人実習生二名も犠牲となった。いずれの事故もまったくの偶然ではなく、様々な必然が潜んでいる。危険な労働の多い実習生はその後も事故のニュースに頻繁に登場するが、「実習生」という呼び名の向こうにある彼らの顔は見えないままである。

停車したグローバリゼーションという電車に乗り合わせた乗客を見渡してみれば、日曜早朝の東京の電車のように、そこにはやはり一人の日本人もいないことに気付く。ブラジル人、中国人、ベトナム人。彼らは今まで、ずっと旅を共にしてきたはずだが、なぜ日本人には見えなかったのだろうか。

不可視の労働者

イギリスの社会学者で犯罪社会学を専門とするヤングは、その著書『後期近代の眩暈――排除から過剰包摂へ』の中で、早朝のハーレムの労働者、早朝のロスアンジェルスの使用人たちを紹介しながら、ワーキング・プアが「不可視」（invisible）の存在であること、そして、その最も根本的な原因の多くは「移民の女性が行う、経済の根幹をなす貧しい賃労働へのわれわれの理解が及ばないことにある」と指摘している（ヤング 2007=2019: 179）。

'invisible'という英語の形容詞には、「目に見えない、不可視の」という意味の他に、「（小さくて）人目につかない」「（相手にされなくて）惨めである、（問題点が）無視されている」といった意味が含まれる[11]。先進諸国において膨大な数の非熟練労働者は、社会的に不可欠な存在でありながら、社会にとって「見えない、人目につかない」、さらに、「無視され、貶められた」存在である。ヤングは前掲書において、サッセン（2002）の取り上げた移民の女性労働者の例を引き、後期近代のグローバリゼーションにおいて彼らが重要な役割を担いながら、人々からは重視されてこなかったことを指摘している。

今日のグローバル化の語りは、したがってサッセンによれば最上層の循環にだけ焦点があてられていて、下層の循環にはあてられていないのである。さらにこの下層の循環は、グローバル化の下での第三世界の厳しく悲惨な状況に促迫され、そしてこの循環は移民労働者が第三世界の親類縁者に相当額を送金することによって完成されるのである。（ヤング 2007=2019: 181）

サッセンとヤングが描いた「下層の循環」を構成する移民労働者は、現在の日本社会では外国人実習生たちに相違ない。もっとも、日本政府は移民という言葉は使いたくないようであるが、実習という言葉で覆い隠された矛盾した制度は、日本における外国人労働者の存在をさらに不可視なものにしている。

数年前、大学の学外向けの講座で参加者に「外国人研修生や実習生に会ったことはありますか」と尋ねたところ、最前列にいた初老の男性が手を挙げて「先生、うちの山におるよ」と答えた。林業を営むその男性の会社では、多くの実習生が山で伐採の仕事をしているという。山の中、海の上、ビニールハウス、みかん畑、そして二四時間操業の食品工場の中に、彼らはいる。

見えない労働者は、日本だけでなく世界の国々に似たような状態で存在し、ワーキング・プア、低賃金労働者などと呼ばれている。ヨーロッパでは近年激増している移民の多くがこうした見えない労働者で、アメリカでもShulman（2003）が指摘する以下のような低賃金労働者は、経済的に重要な役割を果たしているにもかかわらず、奇妙なことに不可視な存在のままであるという（ヤング2007=2019: 174）。

支配的な俗説とは異なり、たいていの低賃金労働は、われわれが近所のマクドナルドのようなファストフードで目にするようなものではない。それは低賃金労働の五パーセントにも満たない。こうした低賃金、低報酬の仕事に従事している人々はどこにいるのだろうか。われわれの周囲にいる。警備員、看護補助、介護補助、保育労働者や教員補助、メイドや給仕、救急コールセンターの労働者、銀行の出納係、データの入力者、調理師、食品の下処理業者、ウエイター、ウエイトレス、レジ係、薬局の店員、理髪師、ネールアーティスト、駐車関係、ホテルの受付係、救急車の運転手、食肉加工業者、ミシン工、洗濯屋、そして農業労働者。

(Shulman 2003: 45-46, ヤング前掲書)

見えない低賃金労働者をヤングは「不可視の労働者」（invisible worker）と呼び、労働の差異が後期近代の重要な要素であることを指摘している。「不可視」とは、対象となる労働の軽視・蔑視であり、われわれがそれに依存していることの否定である。すなわち、こうした労働が縁の下の力持ちとも言うべき社会を支える重要なものであるにもかかわらず重要視されないことへの、社会批判をも含む概念である。

日本の実習生たちの不可視性には、彼らの従事する労働が重要なものであるにもかかわらず軽視され、低賃金であるということと、もう一つは、日本社会における文化的背景や実習生自身の意識により、彼らの存在自体がしばしば否定され無視されているという意味も包まれている。彼らの「不可視」を生む要因の一つは、雇用主である日本人の意識である。たとえば、実習生が地域の活動に参加するのを快く思わない雇用主は、実習生への支援のネットワークを消し去ってしまっている。筆者が七、八年前訪れた熊本県八代市で開かれていた地域の日本語教室に、付近の工場で働く一人の東南アジアの実習生が、勤務先には言わず密かに参加していた。勤務先は実習生たちに日本語教室に参加するのを禁止しているという。他の工場の実習生と接触すると、お互いに給与や職場環境などの比較をし、不満が生じやすいからだ。また、農家の雇用主の中には実習生をできるだけ家の外に出さないという人も少なくないし、なぜか「実習生に銀行口座を作らせない方がいい」という噂も雇用主の間に流布している。

「不可視」を生む二つ目の要因は、一般の日本人のベトナムに対する関心の低さである。地理的・歴史的に日本との関わりが深いのは韓国、台湾、中国であるのに対し、近年急速に関係の深まったベトナム人について、日本人の知識と関心は比較的低い。これについては、第5章で述べたいと思う。

「不可視」の三つ目の要因は、日本社会全体の国際交流・言語サービスに関する意識である。地方自治体の国際交流活動には、基本的に実習生との交流は想定されていない。東日本大震災、新潟中越地震、熊本地震を経て、非常時の多言語による情報提供など、生活者としての外国人一般に対する支援は整備されてきているが、休日も不定期で住居も散在する実習生を対象とした交流活動は難しいためか、これまであまり対象とされてこなかったようである。実習生に対する緊急時の情報提供だけでなく、日常的な言語の支援体制や交流のシステムを構築することも急務である。

筆者が二〇二〇年四月より試みているプロジェクト[12]は、日本人の大学生と実習生が一対一でSN

Sを中心とした継続的交流を行うもので、熊本県内のフィリピン人とベトナム人の実習生合わせて一〇名ほどが参加している。プロジェクトを開始してすぐに明らかになったのは、実習生の日本語能力と共通言語の問題である。フィリピン人の場合日本語ができなくとも英語での交流が可能であるのに対し、ベトナム人の場合は共通言語が日本語になるために、日本語の能力がある程度ある実習生でないとSNSでの会話をするのが難しく、日本語能力の比較的低い実習生は継続することができなかった。実習生の日本語能力と共通言語の有無も、実習生の存在を「不可視」とする要因になると考えられる。

定住外国人の言語が適応や支援の機会に影響することは、スティーガー（2009=2010: 93-94）が「言語のグローバリゼーション」と呼んだ現象の一つである。一部の言語が国際的なコミュニケーションでより多く使用されるようになる一方で他の諸言語が目立たなくなり、場合によっては消滅の危機に瀕することもある。英語は最も強力な言語であり、フィリピン人実習生の適応における優位性も認められるが、日本の地方の農村などの状況で考えてみると、英語は必ずしも優位な言語とは言えない場合もある。また、翻訳アプリの発達により、言語による差異は徐々に解消される可能性も見られる。ベトナム人実習生の受け入れ先には通常ベトナム人通訳が派遣され、大規模工場では通訳が工場内にいる時間が長いが、農家や小規模な受け入れ先では、担当の通訳と通常電話やSNSで連絡するのみであり、日常の細かな意思疎通には翻訳アプリを活用する雇用主も増えている。

（C：農業経営者、D：Cの妻、S：筆者、二〇一八年一一月三〇日、宇城市）

S：（ごみの分別、掃除等の）決まりごととかは、どうやって伝えましたか。日本語で？

C：いいえ、通訳の子に。まあ、寮に住むにあたっての決まりごとは一応作ってたんですよ。

S：それはベトナム語で書いてあるんですね？

D：はい。それと、仕事の面では、やっぱりこの子たちはちゃんとやってるつもりでも、私達日本人の場合は、簡単に言えば、角隅をきれいに、私達はちゃんとするけど、こっちは丸く、こう掃除をする。

C：本人達はまあこれが綺麗になってると思うけど、やっぱり日本人ってもっと、なんというんですかね、事細かというか、まあ、仕事の面なんですけどね、最初は僕達が仕事ばお願いして、これ綺麗になっとらんよって言うと、だから言葉通じらんと、やっぱり通訳の子が間に入ってくれんと、なかなかですね、伝えるのが無理で、で、これが綺麗ていうとがわかったら、もう他の仕事もやっぱり綺麗にできる。ベトナムの子、通訳がよう間に立ってくれるけん、助かっとですよね。

D：あと、通訳の子達と、最初私がコミュニケーションとるときはLINEを使って。

S：ああ、そうですか。日本語でですよね。

D：はい、で、それをベトナム語に変えてもらって読んでもらうとかそんな感じで。だから寂しくない？とか、具合が悪い時とか、そういう言葉がかけれなかったので、そういうのを全部LINEで伝えて、私がそれを今度は自分で紙に書いてこの子達に渡すみたいな。こういう時はママに言ってねとか話して。最初はそんな感じで、途中から今度は携帯を使って、翻訳のがありますよね？それで一応コミュニケーションをとってたんですけど、結局日本語をベトナム語にするとまったく意味がわからないって言うんですよ。だから、息子に聞いたらまず日本語から英語に変換して、英語をベトナム語に変換すれば、バグが起きないって言うんですよ、だから、もうそれで日本語から英語、英語からベトナム語にして、それでちゃんと言葉を伝えなきゃいけない。たとえば、女の子だから生理がいつからとか、生理痛とか、そういう単語をどうしても伝えなきゃいけない。そういうのをどうやって伝えるのが一番かなって言ったらやっぱり、そういう変換。（S：へええ、すごいですね）

C：今ではもうほとんどね、そがんことしゃべるとにも、そがん不自由はせんよね。

地方の農家でのこうした事例は、実習生と周囲の日本人の間で十分な意思疎通を行うには、やはり言語面の支援が重要であることを再確認させてくれると同時に、熊本のような外国人散在地域においては翻訳アプリなどのツールが特に有効に機能する可能性を示唆している。グローバリゼーションは世界規模の運動ではあるが、その運動の末端には日常の異文化接触の問題が待ち受けている。熊本の農家の中で繰り広げられる日本人とベトナム人の奮闘もまたグローバリゼーションの運動の一つであるが、若い世代ほどトランスナショナルな発想と、有効なツールを持っているように思える。

もう一つのグローバリゼーション

次に、グローバリゼーションの議論において、日本とアジア諸国の実習生との関係がどう位置付けられるのかを見ていく。グローバリゼーションという言葉は六〇年代まで遡ることができる（スティーガー 2009=2010: 1）が、その定義は多岐にわたり、そのことが私たちの思い描くグローバリゼーションの輪郭を曖昧なものにしている。グローバル、グローバル化、グローバリゼーションといった言葉は今日の日本では日常的に使用されるが、その使用方法にはある種の偏りが見られる。論文検索にヒットするグローバリゼーションは、グローバル企業等の経済関係の文脈、ビジネスのグローバル化、英語によるコミュニケーションや教育に関連する文脈等で用いられることが多い。こうした文脈でのグローバリゼーションの範囲に、アジア系外国人労働者の問題は入っていないように思えるのはなぜだろうか。西川（2001）がこの問いに答えている。

> 第一は文明（化[13]）とグローバリゼーションの関係、つまりグローバリゼーションは文明の最終局面である、という仮説について。誤解のないようにつけ加えると、私はグローバリゼーションが文明（化）に代わるものとして出現したと言っているのではなく、文明化の最終段階ではないか、と言いたいのである。現在グローバリゼーションという用語で述べられているほとんどすべての現象は、科学技術の発達からグローバル文化や世界の単一性に至るまで、文明概念のなかですでに明示されているか、予感されているものであった。またとりわけ経済的側面に注目するとき、「文明化の使命」が植民地主義のイデオロギーであったと同様に、グローバリゼーションが第二の植民地主義、つまりポスト・コロニアル時代の新しい植民地主義を意味していることは明らかだろう。それは同時にグローバル化が「アメリカ化」と呼ばれる側面でもある。
>
> （西川 2001: 379-380）

グローバリゼーションがアメリカ化であるとすれば、日本とアジア諸国との関係にこの言葉が用いられにくいのはそのためであろう。アメリカ化というグローバリゼーションは日本を含むアジア全体を覆っているが、日本とアジア諸国との関係は、それとはまた異なったもう一つのグローバリゼーション、あるいは近代化、西川の言葉では文明化と言える。アジアのグローバリゼーションは、その意味では二重構造になっている。すなわち、欧米諸国とアジア諸国との関係、そして、日本とアジア諸国との関係である。アジア諸国の間では近代化に三〇年ほどのタイムラグがあることから、後発の東南アジア諸国が見つめる先には、まず先発の日本、韓国、シンガポールなどのアジアの先進国、そしてその向こうに欧米諸国という構図が描かれている。アジアにおけるもう一つのグローバリゼーションは、身近な近代化として、日本や韓国等先発の国を軸としたアジア版ライフスタイルを生んだ。

白石（2007）はポピュラーカルチャーの複合ネットワークが東アジアの新興都市中間層の新しい「アジア的近代家族像」とライフスタイル、家族としてのアイデンティティを形成していることを指摘している。このアジア版ライフスタイルは、欧米をモデルにしながらもアジアの先進国に牽引される二重のグローバリゼーション、近代化の成果物である。同時に、アジアにおける二重のグローバリゼーションは、西川の指摘するように、欧米とアジア、日本とアジアという二重のポストコロニアリズムをも意味することになる。次の会話はホーチミン市での来日前の実習生へのインタビューであるが、ベトナムの若者が日本を見ながらその先にアメリカを見ているのがわかる。

（F：ベトナム人学習者、S：筆者、二〇一八年九月一八日、ホーチミン市、ベトナム語）

S：なぜ日本に行きたいんですか。

F：ベトナムで仕事がないわけではないが、五年働いてもお金が稼げない。苦労しても報われない。日本へ行くことを決めた理由は、技術、経験を勉強できるし、お金も稼げるので。
S：日本や日本人についてあなたが知っていることを教えてください。
F：日本はきれい、経済でもトップ、地震などの際に他の人のことを考えて行動している。自分の足りる分だけ買って他の人に譲るという習慣がある。そのため損がでない。
S：それはどうして知りましたか。
F：インターネットを通じて。信頼度が高い「ZING」というニュース・リンクから。
S：日本に行ってしたいことを教えてください。
F：贅沢だが、富士山や北海道へ行きたい。勉強を続けてN2[14]をとりたい。
S：他に行きたい国はありますか。
F：まず行きたいのはアメリカ。恋人が永住権をとるため一一月末にアメリカに行く。
S：アメリカに対してどんなイメージをもっていますか。
F：経済のことだけしか知らない。発展している。
S：恋人はなぜアメリカへ行くんですか。
F：ずっと一〇歳の頃から家族とアメリカに住むつもりだった。
S：三年後にはどうなっていたいですか。
F：自分が三年後国へ帰ったら、恋人と一緒にアメリカへ行く予定。N2を取ったらアメリカで日本語を使う仕事をしたい。恋人と約束している。アメリカはどんな国か、日本語がわかる人がどの程度いるのかわからないので、状況によっては帰国する。

S：ご両親は何と？

F：母は応援してくれている。父は何も言わない。

グローバリゼーションの多次元的性質の理解のために西川が提言している一つの方法は、グローバリゼーションが及ぶ末端の周辺の地域から考察を続けること、すなわち、サッセンの言う「下層の循環」に光を当てることである。西川は、グローバリゼーションの本質を見るためには、覇権国ではなく、僻村、東南アジア、南米や南アフリカ等、周辺でグローバリゼーションの結果起きていることを考察する必要があると述べているが、ベトナム、そして日本の地方の農村がすでにトランスナショナルな空間に変容し、都市と農村の空間の均一化と一元化が生じていることに、実習生と地方の経営者たちは気付いている。

二つの空間

では、グローバリゼーションの進む日本の地方の空間を、どう記述・分析したらよいのか。実習生に関するテーマを空間と関連付けて考察する契機となったのは、ホーチミンの調査の際に見た「プランテーション」という言葉で形容される、鮮烈な印象の空間と、熊本の農家や工場で見た日本人とベトナム人が生活する、静かで、どこか日本とずれた空間、二つの空間の関係を説明したいと考えたことである。

二〇一八年九月、ホーチミン市内にある、フランス植民地時代の建物を使用した全寮制のその送り出し機関では、日本語をはじめ、日本の企業文化や生活習慣などについて集中的に事前教育が行われていた。学生たちは実に真剣に授業に取り組み、一日も早く日本企業の採用者から選ばれ、渡日することを目指している。作業衣の制服に身を包み、中庭で規律正しく整列して体操をする彼らの傍らでは、高級な装飾品を身に付けた日本企業の採用者が、満足げにその規律正しさを称賛していた。

二日間の調査の間、学生たちや通訳のベトナム人教師と話をしているうちに、「オコラレナイヨウニ」という言葉を頻繁に耳にすることに気付いた。

ニホンジンニ、オコラレナイヨウニ

その言葉はおそらく、現在のベトナム人実習生と周囲の日本人の関係を象徴している。オコル人とオコラレル人。支配と被支配、抑圧する人とされる人の権威主義的な関係である。だが、ベトナム人実習生がもつ権威主義的な日本のイメージは、なぜ来日前から存在するのだろうか。そして、来日後も変わらないのだろうか。

その答えの一つは、日本がかつて植民地支配の時代に獲得したベトナムと日本の関係にある。二〇一九年六月、ホーチミンでの調査結果を学会で報告した際、来日前のベトナム人と日本人のお互いに対する意識の中に権威主義的なイメージがあることを述べたところ、フロアから「雇用主と従業員の関係だから、それは当然ではないか」という主旨の意見が出た。確かに両者の社会的関係には雇用という権力関係が前提として存在するが、両者の関係はあくまでも経営上の管理の関係であって、決して支配の関係ではないはずである。経営上の管理は組織の維持と存続という目的達成のための活動であるが、支配とは個人に対する統制・束縛を意味する。経営管理の歴史を遡れば、管理には統制の意味合いが強い時代もあったと思われるが、現在、両者はまったく異質なものである。あるいは、これは日本の経営上の文化なのだろうか。熊本県内のある経営者と話す機会があった。彼の経営する工場では実習生の担当箇所をベトナム人だけにせず、中国人を「混ゼル」という。ベトナム人だけ、あるいは中国人だけにすると、「アイツラハ、スグサボル」からだ。初老の経営者の言葉には彼なりの管理の意識と、外国人への貶めの色が無意識に滲み出ていた。

熊本県内の農家や工場を訪ねているうちに、こうした雇用主ばかりではないこともわかった。翻訳アプリを駆使してベトナム人とコミュニケーションを取ろうとするミカン農家の夫妻、最初の実習生は三日で逃げたとぼやきつつ実習生の作るベトナム料理を孫と楽しむ高齢の農家の雇用主、そして、実習生の周囲にいる世話好きな日本人たちの顔も少しずつ見えてきた。熊本という小さな空間で、異文化と異文化の接触は日々繰り返されて様々な色を発しているのに、ベトナムという空間から望む日本という空間はなぜか単一の色に見える。そして、日本から見るベトナムもまた同様である。それが異文化のもつイメージであり、表象である。二つの空間はかつて遠い距離に隔てられていたが、グローバリゼーションが距離と時間を圧縮し、両者は相互に関連付けられた空間となった。両者の関係を明らかにするにはまず、この三〇年の間、日本で外国人労働者たちが見てきた景色を振り返らなければならない。

日系人の見た景色

一九九〇年に入管法が改正され[15]、人手不足に悩む製造業や建設業で日系人の単純労働が認められると、日系南米人の入国数は急増し、間もなく彼らの職場やその子どもたちの学校で摩擦が表面化し始めた。そこには、日系人と日本人との間の相互の期待や意識のずれ、異文化を排除し自国への同化を求める日本の文化、そして、欧米以外の国の外国人を貶める日本社会の文化構造の問題が存在する。以下の新聞は、当時の群馬県太田市の様子を伝えている。同市は日本国内でも最も早い時期から外国人労働力を受け入れてきた。

【期待外れた「同じ血」日系人労働者の孤独】（抜粋）

群馬県太田市内に、空っぽのプレハブ二階建てアパートがある。従業員約五〇人の工作部品会社がブラジルから呼んだ日系人専用の寮として、昨夏、二千万円をかけて新築した。ずっとここにいて、働いてもらうつもりだった。ところが、個室に住んでいた五人が、年末、「時給がいい」と、菓子工場に移って行った。経営者（四四）がブラジルまで二回行き、やっと雇った一〇人の日系人は、これで全員引き抜かれた。「日系人だから、簡単には退職しないとか、さぼらないとか、日本的なところも期待したんだけどねえ」（中略）外国人労働者の受け入れについて、三年前から論議していた自民党外国人労働者問題特別委員会の加藤武徳委員長（参院議員）は「他の外国人と同じように扱え、という意見もあった。しかし、日系人は、同じ血がつながった民族だから、締め出すのは忍びない、ということでまとまった」と話す。法務省入国管理局の幹部も「外国人を入れるといっても、日本人の子孫だ、という安心感がある」と受け入れの理由を説明する。しかし、群馬県の自動車部品工場で働くブラジル人、アシミ・マサカズさん（三七）は日本人に見下されている、と感じることがある。毎日三時間以上の残業をして、月五〇万円を稼ぐ。収入に不満はないが、休憩中、日本人の同僚に「ブラジルはジャングルだらけで、食べ物もないから日本に来たのだろう」などとひやかされた。日系人だけが職場の掃除をやらされた。昨年末、職場の忘年会で、気がつくと、いつの間にか日系人のそばから日本人がいなくなっていた。「日系人は日本人と同じ扱いをしてもらえると思っていたのに……」

（『朝日新聞』一九九一年一月一〇日、朝刊）

高齢化の進む日本が生産年齢人口の不足を補うべく打ち出した政策は、まず「同じ血がつながった民族」である日系人を労働力として取り入れることであった。しかし、日本人は彼らに「日本的なところ」を期待する一方で、日本人と同じには扱わなかった。混乱するアイデンティティと、期待していた日本社会とのずれは、日系人たちの日本に対する負のイメージを形成することとなった。また、日系人の受け入れにより露呈したのは、教育をはじめとする社会生活に関して外国人を受け入れる土壌が形成されていない、地域社会の現実であった。富山県の日系ブラジル人労働者の調査を行った鹿股（1996）は、彼らと彼らの子どもが差別を受ける様子を伝えている。

ブラジルにおいて日系人は表立った差別は現在はほとんどなくなったが、それでも「ジャポネ」とよばれブラジル人とはみられず何となく差別を受けているという意識があるという。つまりブラジルに生まれ育っても日系人はブラジル人ではない。そこでかれらの意識のなかに「自分達は日本人なのだ」というものが芽生えるという。そういった意識のなか日本にやってきて今度は「外人」とよばれ差別を受けている。先にも述べたが日系人の人達は父や祖父から日本の話を聞いて育った、そこにでてくる日本は戦前の規律の厳しい、そして景色の美しい理想郷である。それがブラジルの日系人社会よりも規律が悪く（茶髪や夜中の騒音、など）そしてある意味彼等の心のよりどころだった日本で「外人」という言葉で差別を受けることが彼等にとってどのくらいがっかりさせたことだろうか。店の営業方針で警察からしつこい嫌がらせを受けたり、デパートで日系人が入ってきたら店内放送で「外人は万引きをする恐れがあるので皆さんで警戒しましょう」といったことが流されたことがあるそうだ。また日系人の子供が学校で「外人」と言われいじめられ「僕は日本人なのに。ブラジルでは日本人だからといじめられ、なぜ日本では外人といわれなくてはいけないの」と泣いて帰ってきた。ということを話してくれた。

（鹿股 1996）

日系人が来日する前に日本に対して抱いていた「戦前の規律の厳しい、そして景色の美しい理想郷」というイメージは、現在ベトナム人実習生が来日前に抱いている日本のイメージと重なる。「戦前」のイメージが現在も外国人労働者の間で共有されているということは、彼らと日本人の現在の関係にも、戦前と同様の関係が存在しているということだろうか。熊本の農家の雇用主がベトナム人実習生について、「純粋」「三〇年前の日本人のイメージ」と語っていたが、実習生もまた日本に「規律正しく、景色が美しい」というイメージをもっているのなら、現在の日本・日本人像との間には大きな落差がある。

イメージの落差が外国人労働者受け入れの当初から存在していたことは、外国人労働者を日本社会がどう受け入れていくかという議論の際に、考慮すべき社会心理的な問題であると思われる。

中国人の見た景色

一九九三年、外国人技能実習制度が始まり[16]、多くの中国人が研修生として来日するようになると、今度は中国人研修生をめぐる長時間労働、残業代未払い、暴力など、人権侵害の問題が表面化し、中国や日本のメディアで報道されるようになった。以下は二〇〇五年、中国の新聞報道の抜粋である。

福井県坂井郡春江町の織物会社に就職している中国人研修生の女性佟岩（二五歳）は、日本人男性同僚に殴られた屈辱に耐えられず、現地の裁判所に提訴した。今日三月二八日午前、福井県地方裁判所はすでに正式にこの件を受理したと佟岩は記者に話した。日本での報道によると、二月一九日の昼、同僚の機械に故障が生じたため、佟岩さんは設備保全係の日本人男性職員壁屋氏に相談に行った。しかし、壁屋氏は問題を解決するどころか、逆に「知らん！　自分で考えろ！」と彼女を大声で怒鳴った。しばらくして、佟岩さんは再び壁屋さんのところへ聞きに行くと、彼は「知らん！」とまた大声で怒鳴り、しかも、佟岩さんの首をつかんで右手で彼女の左の顔に拳を振り下ろした。同時に、彼の腕時計のバンドが佟岩さんの右の顔を擦って擦り傷がついた。彼はまた佟岩さんの顔を二、三回殴り、最後に彼女の右脇腹に向かって力を入れて足で蹴り上げた。佟岩さんが殴打された後、会社は病院が知って警察に通報することを心配し、「日本人に殴られたと言ってはいけない」と彼女に言った。彼女は病院に自分が自転車に乗ってけがをしたと無理やり言わされた。二月二二日、遼日産業協同組合の事務局長松田氏が佟岩さんの寮に来たが、彼女は壁屋の謝罪を受け入れられず、自分の尊厳を守りたいと伝えた。松田氏は「尊厳を守りたいならば、すぐに帰国させる」と脅した。佟岩さんが本誌記者に語ったところによると、社内では中国人が殴られるのは日常茶飯事で「殴られるのは一種の教育」とされている。佟岩さんと共に来日した女性研修生は一一人、殴られたことのある人は七人である。日本外国人研修生問題福井支部の長谷氏は「春江町の織物会社は給料の遅配、残業代の搾取などの問題が存在している」という。三月一六日、佟岩さんは「中国人」として「女性」として壁屋氏を裁判所に告訴し、関係部署がその責任を追及するよう要求した。三月一七日、朝日新聞、毎日新聞、福井新聞など多数の日本新聞メディアが佟岩さんの告訴を報じた。世論の圧力により、以前は佟岩さんを強制帰国すると脅迫した事務局長の松田氏も「組合と会社はいかなる原因があっても、殴ることは絶対に間違えであると考える」と表明した。告訴した後、報復的な送還を防ぐために二つの民間団体が佟岩さんを会社から引っ越しさせ、現在佟岩さんは安全で「告訴した以上、訴訟を続けないといけない」と述べている。二〇〇二年五月一五日、佟岩さんは研修生として来日し、三年間働いた。彼女に仕事の機会を提供したのは「遼日産業協同組合」で、彼女は今年の五月一三日に帰国予定である。遼日産業協同組合は一九九二年七月から中国人研修生を受け入れ、これまで計一二九二人を受け入れた。

（文・実習生邓平洋『法制晚报』二〇〇五年四月三日[17]）

この記事で注目されるのは、日系人に対して日本人は「外人」として差別していたのに対し、中国人に対する態度は、「怒る」「殴る」といった暴力的なものに変わっているということである。これは日本人が「外人」と認識する外貌をもつ外国人には無視や暴言など身体に接触しない差別を行う傾向があるのに対し、中国人、韓国人など日本人と変わらない外貌のアジア人にはより暴力的な言動に出る傾向があることを示しているのではないだろうか。

二〇〇八年には熊本県でも縫製工場での問題が国内メディアでも大きく取り上げられ、日中間の外交問題ともなった。中国政府は浙江省にある中国の会社の海外派遣業務を一時停止するに至ったが、この事例は熊本市の外国人支援団体「コムスタカ　外国人と共に生きる会」の支援により解決している[18]。

二〇〇八年九月一九日、熊本県玉名市の縫製業者二社で働いていた二〇代から三〇代の中国人実習生の女性一二人が安い賃金で長時間働かされたとして熊本労働局に救済を申し立てていた問題で、受け入れ企業が二二〇〇万円支払うことで和解が成立したと日本のメディアが伝えた。これを中国の『環球時報』が報道。山梨県のクリーニング業者による中国人実習生への「虐待」事件が報道されたばかりの日本で、同様のケースで熊本県の中国人実習生が受け入れ先を訴えていた。一二人は二〇〇五年八月から二〇〇六年一月までに日本の「外国人研修・技能実習制度」で来日。最低賃金の約半額にあたる不当に安い賃金（時給三五〇円）でミシンがけなどの労働を長時間行っていた。和解により企業側は、賃金の未払いや研修制度上違反となっている一年目からの残業、旅券の取り上げなどがあったことを認めて謝罪した。外国人研修生や実習生に対して過酷な労働を強いる日本の受け入れ企業は後を絶たず、制度そのものの見直しを求める声が起こっている。

（Record China・配信二〇〇八年九月二一日、翻訳・編集、本郷）

その後、中国の急速な経済発展により日本に来るメリットも徐々に薄れ、中国人の研修生・実習生は減少した。二〇一九年六月の段階で全国の中国人実習生の人数は八万一二五八人で、ベトナム人一八万九〇二一人の半数以下となっている[19]。留学生もベトナム人、ネパール人が増え、日本国内の日本語学校の学習者も一変した。熊本の専門学校でも中国の学生はほぼ消え、東南アジアの学生に変わった。

ベトナム人の見ている景色

現在ベトナム人実習生の見る日本の景色は、かつて日系南米人、中国人実習生が見た景色と変わったのだろうか。以下は、日本で実習生として働いた後、帰国したベトナム人へのインタビュー記事である。

外国人技能実習生として日本で働いたことのあるベトナム人の男性（二八）と知り合った。SNSを通じて知人に紹介してもらって二カ月。新型コロナウイルスの感染が収まった六月六日、ハノイのカフェでようやく会えた。男性は千葉県内のクリーニング会社で実習生として一年間働き、二〇一六年にベトナムに戻った。帰国後も勉強を続け、日本語能力試験の上級「N２」に合格。今は実習生を日本に送り出す人材派遣会社で日本語教師として働いている。「日本に行って一番良かったのはどんなことですか？」

私の何げない質問に男性は「景色です」と答えた。桜や富士山など滞在中に見た風景を懐かしそうに教えてくれた。しかし、話を続けるうちに男性が日本に抱く複雑な気持ちを感じた。本音だと思えるこんな言葉を聞いたからだ。「日本人との関係は難しい」日本にいた時だけでなく、今の仕事でもそう感じるのだという。男性の会社から実習生を受け入れる日本の企業関係者は、ベトナムまで候補者の面接に来る。男性はその際、通訳を兼ねて接待の案内係をさせられる。ゴルフや食事、夜のカラオケやマッサージ……。「気に入らなければ怒られる。建設会社の社長を一週間、毎晩接待した時は一番ひどかった」過剰な接待は以前から実習生制度の問題として指摘されている。人手不足で外国人労働者を必要としているのは日本だ。どうしてベトナム側がそこまでしなければならないのか。「接待をしないと他の会社から採用すると言われる」。それが男性の答えだった。負担は実習生に回ってくる。ベトナムの派遣会社が払った接待費はいろいろな名目で実習生の手数料に上乗せされる。その結果、日本に行くための費用は国の規定額を大幅に超え、実習生はそれを支払うために借金を背負う。もともとの賃金水準の低さに加え、借金返済のために給料の高い仕事を求めることが、日本での失踪につながる。昨年末時点で日本に滞在するベトナム人は四一万人。一〇年で一〇倍に増えた。男性の体験が、深まる日越関係の現実だとすればあまりに寂しい。

（『朝日新聞』二〇二〇年七月一日夕刊、宋光祐、ハノイ支局）

ここでも、日本人に「怒られる」といった支配－被支配を表す言葉が現れる。多くの日本人とベトナム人の間に同じような支配－被支配の意識が存在しているとすれば、それは構造的かつ継続的な意識の問題であると考えられる。日本人にとってベトナム人は、南米人や中国人よりもおとなしく、より支配しやすい存在と認識されているのではないだろうか。熊本で実習生を受け入れる複数の雇用主から「べトナム人はおとなしい」という言葉を幾度となく聞いた。その理由で、現在受け入れている中国人をベトナム人に変えたいと言う経営者もいた。筆者が三年前にホーチミンで話を聞いた元実習生の女性は日本人の雇用主からセクハラを受けていたが、それを訴えることもなく契約期間を満了して帰国した。彼女はこのことを、筆者を含めた日本人には決して話すことはない。

停止したグローバリゼーションにより、見えてくる景色もある。以前は列車の速度が速過ぎたために見えなかった景色だ。既に、移動することの意義は、教育、経済、文化など、社会のあらゆる面において問い直され始めている。コロナ禍による遠隔という新たなコミュニケーション手段の普及は、敢えて人が移動することに合理的な説明を求めてくるだろう。その結果として、これまでになく移動の質が問われることになるのではないだろうか。ベトナム人実習生の移動もその一つである。

コロナ禍前の日本は、欧米諸国に続いて、生産年齢人口の減少を廉価な労働力の国を跨いだ移動に依存する傾向を急速に強めていた。その廉価な労働力のシステムである実習生の制度は、主に雇用条件や労働環境の問題からメディアや専門家に批判されてきたが、入国するベトナム人実習生の数は増加の一途を辿ってきた。二〇一九年まで日本の在留外国人数は右肩上がりを続けており、そのうち実習生として来日する外国人は留学生数を抜くに至った[20]。また、国別の在留外国人数では他国がいずれもほぼ横這いの推移をしているのに対し、ベトナムは二〇一四年頃より急増し、現在に至る[21]。

コロナ禍が齎した予期せぬ停止時間は、移動することの意義、そして移動者を迎え入れることの意義について、しばし立ち止まって考えるべき時かもしれない。そうしなければ、次の人々がまた、同じ景色を見ることになるだろう。

注

1 Rieff,D. 1993 *Los Angeles: Capital of the Third World.* London:Phoenix/Orion. ヤング 2019: 175
2 文化庁国語課 2019『令和元年度　国内の日本語教育の概要』: 1
3 東京都統計HP、二〇二〇年九月五日閲覧。
4 https://www.npa.go.jp/hakusyo/h02/h02index.html　二〇二〇年九月五日閲覧。
5 文化庁国語課 2019『令和元年度　国内の日本語教育の概要』: 5
6 第六八巻第三二号、通巻二九一一号 : 81
7 独立行政法人労働政策研究・研修機構 2009「調査シリーズ No.61 外国人労働者の雇用実態と就業・生活支援に関する調査」同機構HP、二〇二〇年九月七日閲覧。
8 平成二二年七月、制度改正が行われ在留資格「研修」が「技能実習一号」に、「特定活動（技能実習）」が「技能実習二号」になった。
9 https://www.recordchina.co.jp/b37022-s0-c60-d0000.html 二〇二〇年九月七日閲覧。
10 法務省出入国管理庁・厚生労働省人材開発統括官 2020「令和元年末 在留資格『技能実習』総在留外国人国籍別構成比（%）」『外国人技能実習制度について』: 6
11 『英辞郎　on the web』https://eow.alc.co.jp/ による。二〇二〇年九月二日閲覧。
12 「外国人散在地域における技能実習生の言語環境と大学生による派遣型学習支援の試み」（研究代表者、塩入すみ）二〇二〇 - 二二年度、JSPS 科研費 JP20K13097 による。
13 Civilization
14 N2は日本語能力試験のレベルで上級に相当する。
15 一九九〇年六月、入国管理法を改正して、「長期滞在査証」（三年間の査証）と称する特別の地位を、日本人の子または孫であることを証明した者、およびその配偶者にまで広げた。

16　一九九三年（平成五年）法務大臣告示「技能実習制度に係る出入国管理上の取扱いに関する指針」の施行による。これにより技能実習制度が創設された。外国人技能実習機構ＨＰ、二〇二〇年八月一日閲覧。
17　《中文导报》及び外国人研修生問題福井支部の協力による。翻訳は塩入・林東紅氏による。
18　「コムスタカ　外国人と共に生きる会」ＨＰ、二〇二〇年八月九日閲覧。
19　「統計データからみた技能実習制度の概況」『JITCO Journal かけはし』一四〇、二〇二〇年一月一日。
20　「在留外国人数の推移（「在留資格別」）」法務省ＨＰ「令和元年六月末現在における在留外国人数について」二〇二〇年八月一日閲覧。
21　「在留外国人数の推移（国籍・地域別上位五か国）法務省ＨＰ「令和元年6月末現在における在留外国人数について」二〇二〇年八月一日閲覧。

第3章　構造的移民

超国家的な経済を形成する新たな諸条件が、高度新進諸国の政府や経済主体によって創出され実行されている。だが他方で、その同じ諸国において、移民受入政策の中心はいまだ旧態依然の管理概念や既成概念に置かれ続けている。

（サッセン 1998 = 2004: 67-68）

この章では、まず、日本における外国人労働者の問題について、移民の移動の原理の変化と、それに伴う社会の変化との関わりについて述べ、排除型社会について実習生の事例に照らして考察する。次に、送り出し国であるベトナムの経済を中心とした現状を概観し、実習生の問題が経済情勢、政策、社会システムにより構築された構造的な問題であることを述べる。最後に、ＳＮＳが移動の心理的距離を縮めていること、新たなＳＮＳコミュニティの活用が今後の実習生支援に有効であることを述べる。

移民の原理と構造的移民

日本における外国人実習生の問題の背景を手繰っていくと、七〇年代から現在に至る後期近代社会に起きた二つの世界的な変化に辿り着く。一つは移民の原理の変化、もう一つは先進国における「包摂型社会」から「排除型社会」への変化（ヤング 1999=2007: 28）であり、二つの変化は密接に関係している。

まず、移民の原理はどう変わったかを見る前に、ごく簡単に「移民」を定義しておく。ここでは国際連合の『国連統計委員会への国連事務総長報告書』（1997）による「通常の居住地以外の国に移動し、少なくとも一二か月間当該国に居住する人のこと（長期の移民）」という定義を用いることにする。本書で扱う外国人技能実習生も、この定義の移民に含まれる。この定義は、永吉（2020: 3-4）が述べるように、永住意図を含まない定義であり、今日の移民の実態に即している。

古典的な移民研究では、移民を説明する要因は、移動前の国のマイナス要因（紛争や貧困等）によりその国からの送り出しを促すプッシュ要因と、別の国のプラス要因（貨幣価値や賃金の差、政治的安定等）へと引き付けるプル要因とに分けられ、これに加え移住者の有する情報量や受け入れ国の政策など様々な要因が関わってくる（永吉 2020: 11-13）。実際、プッシュ要因とプル要因は明確に分けられるものではない。たとえば、経済的により貧しい国から豊かな国への移民はプッシュ要因とプル要因の両方によるであろうし、政治的に不安定な国から安定した国への移動も同様であろう。経済的、政治的に「より良い」場所へ移動するのは移民の最も基本的な原理と言える。特に近代においては、「より良い」＝より先進的、より近代的という先進性への憧憬が、移民への強い動機付けとなってきた。

近代化を進めるアジア諸国にとって、移民は経済発展のための重要な手段と考えられてきた。一九世紀初頭から二〇世紀初頭にかけての一世紀は「移民の世紀」と呼ばれ、中でもアジア人の移民は、一九世紀後半より中国人、インド人の年季契約移民が急増し、やがて自由移民へ移行する。その際の移民の原理は、基本的原理である経済的要因に、交通費の低下と情報の獲得という二条件が加わっている（杉原 1999）。この時期における移民の原理は、移動前の国と移動後の国との様々な力関係、そしてそれを促進する交通や情報等の諸条件とが加わって構成されていた。

一九世紀後半に増加するアジア人の年季契約移民を見ると、「苦力」（クーリー）と言われる中国人の年季奉公人は、第一次大戦中にイギリス軍・フランス軍に一四万人、一九〇四年から二〇〇七年まで南アフリカ金鉱に六万三千人送られている。また、インドの年季契約移民は一五〇〇万人が一八三四年から一九一七年まで旧イギリス領に、フィリピンの年季奉公人はスペイン統治後の一九〇五年から三五年までアメリカの支配下でハワイに送られるなど、多くは西洋諸国による植民地支配を補うような労働力として劣悪な環境での労働を強いられており、奴隷に近いものも多かった（コーエン 2019=2020）。

ところが、二〇世紀後半を過ぎた後期近代には、この移民の原理と社会の基調に変化が生じる。それは、先進国で起きた労働市場の変容が、移民の原理に大きな影響を与えたことによる。先進国が就労人口の減少を低賃金の労働者で補うという格差を前提とした政策により積極的に移民を受け入れ始めたため、移民は国家レベルの政策として促進されることになった。それに応じて移民を送り出す国もまた、積極的に政策として送り出しを奨励するようになった。すなわち、受け入れ国・送り出し国双方の社会的変容と政策により、移民が構造的に形成されるようになったのである。

構造的移民を形成しているのは、双方の国における政策による法制度と既得権益のシステムであり、制度と既得権益のシステムは不可分の関係にある。受け入れ国としての日本の法制度である外国人技能実習制度が批判されながら存続し続ける理由の一つは、この制度により生じた既得権益のシステムの存在である。たとえば、ベトナムからの実習生受け入れには、日本の監理団体とベトナムの送り出し機関、仲介会社というシステムが存在し、監理団体は企業から監理費を得て、仲介会社は渡日希望者から多額の手数料を得て、いずれも営利システムとして機能している。

移民の mobility を促す、あるいは条件づける技術、組織、アクターが関連し合う相対を「移住インフラ」(Migration Infrastructure)[1]と呼ぶが、日本・ベトナム間の労働者の移動について見てみると、日本の監理団体やベトナムの仲介会社等、移住インフラの構築により利益を得る人々が現れることで、問題の絶えない実習生制度が動き続けることになる。巣内(2016)は移住インフラ構築により、実習生の送り出しはもはや仲介会社が重要な役割を担う「実習生ビジネス」であると述べている。

以上、概観したように、早期における移民の原理はプッシュ・プル要因に代表される経済的・政治的要因による移動であったが、一九世紀のアジアでの大量の移民の背景には西洋諸国による植民地支配の補完といった過程を経て、後期近代には先進国の就労人口減少を低賃金労働者で補う国家レベルの移民政策が推進されることになった。本来、人が自らの意思でより良い場所を求めるはずの移民の原理は、列強による植民地的支配関係、その後の先進国によるポストコロニアルな支配関係によって国家サイズに形を変え、本来の移民の自由意思は国家の大きな意図によって消されそうな様相である。

排除型社会

後期近代社会に起きたもう一つの世界的な変化は、「包摂型社会」から「排除型社会」への変化である。この変化は先進国である移民の受け入れ国で起きている、「近代」の変容である。ヤング（2007=2019）によれば、六〇年代までの近代は、人々が努力すれば差別や貧困はなくなるという大きな物語に牽引された時代であり、犯罪者などの逸脱者も更生させ、社会に包み込むことが可能であるという寛容な「包摂型社会」であったが、やがて市場競争の激化により政府や企業のダウン・サイジングが始まると、非正規雇用、ワーキング・プアなど労働市場から排除されたアンダークラスが生まれ、「排除型社会」が到来することになる。

日本も九〇年代から非正規雇用の問題が取り上げられるようになるが、歴史的に見ると日本では戦前から「臨時工[2]」と言われる非正規雇用があり、七〇年代前までは現在の非正規雇用と同じような労働問題が議論されていたという。高度経済成長時には非正規雇用の中心が主婦パートとなり、生活に関わらないという理由のため労働問題として取り上げられなかったが、九〇年代以後非正規雇用が「生活に関わる社会問題」として国政の重要課題になった（濱口 2017）。日本では近代において潜在的に存在していた非正規雇用の問題が、九〇年代以降外国人や日本人男性が加わる形で顕在化したことになる。

「包摂型社会」は、経済面から見るとフォーディズム[3]の市場経済であり、同化と結合を基調とし、労働と家族が至上の価値とされ、移民などの他者が単一文化に組み込まれる社会である。一方、「排除型社会」はポストフォーディズムの市場経済であり、個人主義の台頭によりコミュニティが解体し、既存の労働秩序が崩壊し、分離と排除を基調とする社会で、経済の縮小により非正規雇用が拡大し、アンダークラスと呼ばれる失業者や低所得者層が現れる（ヤング 1999=2007: 32）。

かつて「包摂型社会」において単一社会に組み込まれていた移民は、「排除型社会」においてアンダークラスの階層に分離され排除されることとなった。アンダークラスの階層に属するのは移民だけでなく、受け入れ国の人々も分離され排除されているのであるが、人々はこの事実を認めたくないようである。

体感治安

排除型社会の例として、雇用の問題のほかに住民の治安意識の問題がある。日本人住民の外国人住民に対する排他的意識について、その規定要因を検討した濱田（2008）は、ブラジルからの移民の多く居住する群馬県大泉町[4]において一九九九年及び二〇〇五年の二回の調査を行い、Group threat theory[5]の仮説が成立することを明らかにした。すなわち、外国人に対する偏見や敵意は、外国人住民の相対的な割合が高い場合、そして、その国の経済的状況が悪い場合に増大し、その効果は外国人との競争が予想される職業に従事する人たち、あるいは低収入の人たちの間で大きな影響力をもち（＝脅威）、外国人に対する偏見を増大させる要因となるという仮説である。一九九九年から二〇〇五年の期間における外国人比率の上昇により、主にブルーカラー職業の人々、収入が相対的に低い人々の間で、外国人に対する排他的意識の高まりが見られた。

また、どのような要因が脅威であるかという認識については、日本人住民の職業や収入といった個人属性、個人特性にかかわらず、生活悪化意識が広く共有されているということが明らかになっている。「外国人と交流する上で難しく感じること」を尋ねた質問に対して、「生活習慣の違い」を挙げた人の割合は一九九九年の四〇・九%から二〇〇五年の五三・七%に増加し、具体的な事例として、ゴミ出し、騒音、車といったトラブルが多く挙げられているという。ところが、インタビュー調査を行ってみると、実際には日本人住民自身がこうしたトラブルを直接経験したわけではないことも多く、日本人住民の生活悪化意識の多くは、外国人に対するイメージや伝聞により形成されていることがわかった。つまり、社会問題としての外国人問題は一度それが形成されてしまうと、それ自体ある評価を伴って流通してしまうという危険性をもっていることが指摘されている（濱田 2008: 227）。

生活悪化意識は外国人集住地域の日本人住民にとって共通する意識であり、時には「治安が悪化した」という意識を形成するが、その多くは漠然としたものである。濱田は二〇〇五年の大泉町の調査に続き、二〇〇六年に愛知県豊橋市、二〇〇七年に静岡県浜松市中区において「外国人居住者との交流と意識に関する実態調査」を行い、外国人の増加による否定的な影響を尋ねた質問において、特に「治安が悪化した」という項目でその割合が高い（大泉町七八・五%、豊橋市六六・四%、浜松市七六・四%）ことを明らかにしている。治安に対する不安は漠然とした、いわば「体感治安」とでも言うべきものであり、必ずしも外国人の増加と犯罪率が比例しないことは以下の記事でも指摘されているが、一方で、実習生が雇用先から逃げて犯罪に走る事例も少なくない。

政府が外国人労働者の受け入れ拡大を急ぐ中、治安の悪化を心配する声が一部で上がっている。九州でも元技能実習生による犯罪が起きているが、実際には近年増え続ける在留外国人数と、刑法犯摘発数に占める外国人の摘発数の傾向は比例していないという。「体感治安」と実態にずれが生じる背景には文化や生活習慣の違いによる誤解もあるとみられ、共生に向けた模索が始まっている。外国人住民が一〇年前から倍増し、約五千人が暮らす福岡市南区。ごみ出しや騒音に関する苦情が最近、警察に連日寄せられるようになった。住民の間では「街にたむろし、夜道を歩くのが怖い」「大事件を起こさないか心配」と、漠然とした不安を抱く声もある。ベトナム人の元技能実習生らによる窃盗事件の摘発も相次いでいる。福岡県内に住む三〇代のベトナム人女性は「ベトナムの送り出し団体に『楽に稼げる』とだまされて来日し、過酷な職場から逃げて犯罪に走るケースが多い」と話す。入管難民法改正案が今国会で成立すれば、地域に暮らす外国人はさらに増える。では現時点で、外国人犯罪は急増しているのか。警察庁などによると、在留外国人は右肩上がりに増え、昨年は過去最高の二五六万一八四八人（前年比一七万九〇二六人増）。一方、刑法犯摘発数に占める外国人犯罪の割合は二〇〇五年の五・一％をピークに、近年は三％前後で増減を繰り返している。昨年の外国人摘発数も、〇五年の三割程度に当たる一万一〇一二件。福岡県では昨年の摘発率が三・八％（同〇・六ポイント増）、摘発数が六三二件（同四九件増）と増えたが、「ベトナム人による集団万引の摘発が数字を一気に押し上げた」（同県警）という。

（『西日本新聞』二〇一八年一一月二九日、朝刊）

では、「体感治安」という漠然とした意識はなぜ生まれるのだろうか。移民の増加と犯罪率の関連について永吉（2020）は、「移民が増えることで治安が悪化する」という懸念は、移民が犯罪行為を行うことで治安が悪化するという懸念と、移民の増加による地域の状況の変化が受け入れ社会住民も含め犯罪率を上昇させるという二つの含意を持ちうると指摘し、二つの因果関係についてそれぞれ検証している。一つ目の、移民の増加と犯罪率の関係については、一九八〇年から二〇一七年までの「日本における一般刑法犯の検挙人数総数、来日外国人数、その他の外国人数」（法務省『犯罪白書』各年）を引用し、来日外国人及びその他の外国人による犯罪は日本人に比べ僅かであり、移民が犯罪を起こしやすいとは言えないとし、同様の結果はアメリカを対象とした研究でも出ているという。

二つ目の、移民の増加による地域の状況への影響については、移民の増加を犯罪率の上昇の要因としてとらえる社会解体理論（地域の結びつきが弱まることで、共通の価値観形成や行動統制の機能、非行や犯罪が増加すると考える）を検証し、アメリカでの実証研究の結果、確かに地域の経済状況の悪さや人口移動率など地域の繋がりの弱体化は当該地域の犯罪を増価させるが、移民の増加については犯罪率に影響を与えないか、むしろ減少させるとの結果が確認されている。また、移民の受け入れが地域に活性化をもたらすという説もあり、岡山では技能実習生による地域の活性化の事例も報告されている（永吉 2020: 145）。

筆者が訪れた熊本市内のある農家では、二〇一六年よりその地域で初めてベトナム人実習生を受け入れた。「ベトナム人は日本人と見た目に違和感がないので安心感がある」ということで、近隣住民からも受け入れやすいと考えたという。日本人住民の「違和感」や「安心感」は外貌によるところが大きく、特に地方では外国人住民を受け入れる際に差異があるようである。

（N：農家雇用主、S：筆者、二〇一八年一一月三〇日、熊本市）

N：でもベトナム人は日本人と見た目がそれほど違和感がないけんが、安心感はみんな、周り（地域の人たち）もあるみたいです。

S：そうですね。それは全然違いますよね。

N：今度、うちの組合がベトナムとフィリピンとカンボジアの三ヶ国の研修生を世話しよっとですけど、フィリピン（の人）は良いとかなあと思って。トラブルていうとが一番心配になっとですよね。この子たち（ベトナム人実習生）がおるなら、それが一番良かばってんね。

ここまで「体感治安」について述べてきたが、日本社会における定住外国人の急増から三〇年ほど経過し、日本社会は少しずつ外国人との共存に慣れつつあるのも事実である。「体感治安」のような人々の偏見は、特に若年層において徐々に薄れていると思われる。二〇一七年内閣府政府広報室による「治安に関する世論調査[6]」によると、「日本は安全、安心な国か」という治安に対する意識を尋ねる問いに対し、「そう思う」「どちらかといえばそう思う」と答えた人は、八〇・二％で、一二年に行われた同調査の同じ質問の答え、五九・七％から大きく増加している。逆に、「そう思わない」「どちらかといえばそう思わない」は一七年には一八・九％で、一二年の三九・四％から大きく減少している。また、「この一〇年間で日本の治安はよくなったと思うか」という最近の治安に関する認識を尋ねた問いでも同様の傾向が見られる。二〇〇四年から五年ごとに行われている同調査の数値の変化を見ると、治安がよくなったという回答は徐々に増加し、特に最近の増加傾向が著しい。また、年齢別にみると、一八－二九歳で「よくなったと思う」が五八・〇％と、他の世代と顕著に多く、世代による認識の差が現れている。

メディアの表象と不可視化

日本人住民が外国人住民に対して抱く「体感治安」は、定住外国人の増加とは無関係であることがわかったが、では、なぜ日本人は外国人の隣人に不安を感じるのだろうか。それには日本人の国民性、文化、歴史など多様な要因が関係しているが、重要な原因の一つとして、メディアでの報道のあり方の影響も指摘されている（船山 2008，永吉 2020）。日本のメディアの犯罪報道において外国人がどう表象されているかを論じた船山（2008）は、窃盗団のメンバーが外国人の場合にのみ「中国人窃盗団」のような新聞記事の見出しが報じられること、また、「外国人犯罪」という言葉は一九九〇年の警察白書以来用いられるようになり、「外国人」と「犯罪」という概念の結び付きが確立されたと指摘している。九〇年は改正入管法が施行され、日本に中国籍、ブラジル籍、ペルー籍の外国人が急増した年であるが、一〇年後の二〇〇〇年初頭の新聞にも、窃盗罪を「外国人犯罪」と結び付ける論説が見られる。傍線は筆者による。

【犯罪増で変わる安全認識】

今年の犯罪白書の内容は、「増加する犯罪と犯罪者」という副題に簡明に示されている。治安の悪化が憂慮される事態になったことを、具体的数値を基に国民の前に明らかにした。一、犯罪総数が一貫して増加し、最近はさらに増加率が加速しており、二、検挙率が低下し、三、少年非行・外国人犯罪がなお脅威であること、四、矯正施設が過剰収容となったことを明示した。二〇〇〇年という区切りの年の犯罪白書は、戦後日本の犯罪状況が大きくカーブを切ったことを明らかにした。刑務所もあふれ出したのである。ここ四半世紀の犯罪増加に最も影響したのは、窃盗罪であった。窃盗の犯罪率（人口一〇万人当たりの発生件数）は一九四六年に一五八〇を記録し、その後著しく減少して九百台にまで下降した。ところが二〇〇〇年には一六八〇となり、戦後混乱期を凌駕するにいたった。そして、窃盗の増加を支えたのは、成人よりも少年であった。七五年には少年は成人の四・五倍の割合で窃盗を犯していたが、二〇〇〇年には一〇・五倍になってしまった。ただ、ごく最近は、ひったくり、自動販売機荒らし、車上ねらい、そしてピッキング用具を用いた犯罪が目立つ。ここに外国人犯罪の影響を読みとることもできよう。ごく最近の変化という意味では、傷害・暴行・脅迫等の粗暴犯の極端な増加が目立つ。そして、器物損壊罪や住居侵入罪も増え、強盗、強姦、強制わいせつの認知件数も急増した。

（「論点」『読売新聞』二〇〇一年一一月二九日、朝刊）

最近は公の報道ではこれほど明確に外国人と犯罪を結び付ける表現は少なくなったように思われるが、メディア、あるいは行政に対する違和感を覚える事例は多々ある。二〇二〇年七月三〇日の Twitter

の投稿、熊本市HP、市長の会見において、熊本市内の新型コロナウイルス感染者の国籍が公表されたことを受け、「コムスタカ　外国人と共に生きる会」は八月五日に熊本市長に対し「新型コロナウイルス陽性判明者の国籍情報の非公表を求める要望書」を提出した。この事例は新型コロナウイルス感染者に対する差別や誹謗中傷が外国籍であることと結び付けられて助長され、「外国人犯罪」や「体感治安」に類する意識を生む可能性をもつ事例であり、コロナ禍において日本各地で同様の事例が発生しているのではないかと推察される。熊本県ではその後、八月に県内の造船所で起きたクラスターにベトナム人実習生が含まれることがマスコミで公表されたが、熊本県、熊本市はいずれも、国籍公表に対し「公表が感染防止につながらない場合は積極的に発表しない方針」としている。

造船大手・ジャパンマリンユナイテッド（JMU）の有明事業所（熊本県長洲町）で発生した新型コロナウイルスのクラスター（感染者集団）一〇八人のうち、四七人がベトナム人技能実習生だったことが八日分かった。JMUによると、六日までに六六一人がPCR検査を受け、このうち一〇八人の感染が確認された。内訳は▽社員五一人▽ベトナム人実習生四七人▽グループ会社の社員ら一〇人としている。県は当初、四七人を「JMU社員」と発表していた。県健康危機管理課は八日、クラスター内に実習生がいたことを認める一方、「厚生労働省の公表基準に国籍は含まれない」と説明。「誹謗や中傷防止の観点から今後も積極的な発表はしないが、感染拡大を防ぐために必要と判断すれば発表する」としている。一方、熊本市は七月に感染者が外国籍であることを発表。その後、個人が特定される可能性があるとして、公表が感染防止につながらない場合は積極的に発表しない方針に切り替えた。市は「プライバシー保護と情報公

開のバランスを考慮し、より慎重に運用していく」としている。（『熊本日日新聞』二〇二〇年八月九日）

感染を防ぐために国籍の公表は不必要である。また、プライバシー保護から言っても、特に地方に居住する外国人の場合、国籍と居住地・職場の公表から個人を特定するのは容易であり、熊本市ではコロナウイルス禍の早期段階で、感染者の国籍公表のために個人が特定された事例もある。類似する違和感のある事例は、日々メディア上に散見する。コロナ禍における国籍公表の問題はプライバシー保護という日本人も含めた大きな議論の中で見え難くなりがちであるが、メディアの表象が社会全体の排除の意識と結び付かないような敏感さが、より一層要求されている。

その一方で、実習生の問題をより明確にすべき際に敢えて曖昧な表現しか用いず、問題化を避けているのではないかと疑われる場合もある。次の新聞記事では、意識不明の「外国籍」の二人が実習生なのか、また、雷雨注意報も出ている雷雨の中でなぜ農作業をしていたのかなど全く触れられていない。

長野県小諸市柏木の畑で二二日夕、落雷を受けたとみられる男女二人が意識不明になった事故で、県警小諸署は二三日、男性は搬送先の病院で死亡したと発表した。同署は、二人は雷に打たれたとみて調べている。同署と佐久広域連合消防本部によると、二人はいずれも外国籍の三〇歳代で、ほかの作業員とともに野菜の苗の植え付けをしていた。当時、長野県内全域に雷注意報が出ていた。

（『読売新聞』二〇二〇年八月二四日）

実習生をめぐる問題について、人権の問題と労働条件の改善を訴えることは重要ではあるが、それにより実習生との外部者の接触がタブー視され、さらには実習生の存在自体が否定される「不可視化」が進むという副作用についても考慮する必要がある。だが、その根本的な原因は雇用主の閉鎖的な意識よりむしろ、制度自体が建前と本音の矛盾を抱えていることによる。坂本（20019: 24）は、移民がいるのにいないふりをすることを「移民ネグレクト」と呼び、これこそが日本の国策ではないのかと訴える。

> 日本は長年、建前上は労働移民を認めない「移民鎖国」を続けてきた。安倍晋三首相も国会で「いわゆる移民政策はとらない」と繰り返してきた。（中略）経済協力開発機構（ＯＥＣＤ）の国際以上データベースを基に「移民[7]の流入」（外国籍者の流入）の数を見ても、加盟三五カ国のうち日本は一〇－一一年の第七位から一二－一四年は第五位、一五－一六年は第四位と徐々に上昇していると分かった。留学生三〇万人計画も実習制度も、政府の建前は先進国日本による国際貢献だ。だが、人口減と少子化で人手不足が深刻化する日本社会を支えるため、「発展途上国の安価な労働力で穴埋めしたい」という本音が透けて見える。建前と本音のひずみが、留学生の不法就労や実習生の過酷労働の温床となっている。移民がいるのにいないふりをする「移民ネグレクト」こそが日本の国策ではないのか。外国人を労働者としか見ず、生活者と捉える視点を欠いているため、日本語教育などの社会統合政策や政策支援策は立ち遅れ、地域に溝が生まれている。外国にルーツを持つ子どもたちが孤立し、夢を持って来日する若者たちが搾取されている。（坂本 2019: 24）

実習生の不可視化、移民ネグレクトによって生じるのは労働環境の悪化だけでなく、地域や社会からの排除である。本来、前期近代の「包摂型社会」における移民であれば、移民として社会に包摂される際に異文化接触による摩擦や適応の問題が生じたが、後期近代の移民である実習生たちは最初から排除され、異文化適応の問題もゴミ捨てや騒音の問題といった地域社会のルールに関する表面的なもので終わり、日本人との交友関係に至ることは稀である。

実習生と日本人との関係の希薄さは実習生がほぼ中国人であった頃より指摘されているが、その原因には、環境、対日本人意識、日本語能力など、いくつかの要素が関わっている。二〇〇二年に大阪の縫製業に従事する中国人研修生・技能実習生三五二人に対して調査を行った浅野・佟（2007）によると、「悩みを相談する日本人がいない」人は六九・六％、「気楽に話をする日本人がいない」人は八一・五％、「日本人ともっと交流したい」人が六〇・二％で、職場や近隣の日本人との関係の希薄さと日本人との交流に関する満足度の低さが浮き彫りになっている。日本人との交流の希薄さの原因は、実習生の日本語能力の問題と、それ以外の問題「深く知り合うチャンスがない」といった就労時間や生活環境の問題、「日本人は水臭くてつめたい」等の対日本人意識が挙げられている。興味深いのは、日本語能力の高さと日本人との交流関係が対応しているのに加え、中国人との関係が良好な人は日本人との関係も良好であるという傾向があることで、日本人との交流の希薄さには個人のコミュニケーション能力という個人的要因も深く関わっていることである。日本語能力のかなり高い研修生・実習生であっても、「悩みを相談する日本人がいない」人は五〇・〇％と半数を占めていることから、日本人との関係の希薄さの原因には、個人の言語能力やコミュニケーション能力といった個人的要素のほかに、職場や生活環境等の制度的問題、対日本人意識という文化・心理的問題などが大きく関係していると考えられる。

労働力輸出の背景

ここまで、世界的な移民の原理と社会の変化が日本社会の外国人受け入れにどう関わるか、そして排除型社会における日本人と外国人の住民間の問題やメディアの表象による影響の大きさなどについて述べてきたが、以下では、二〇一六年以降、実習生の最大の送り出し国であるベトナムの経済的・社会的背景を概観する。

ベトナムはかつて社会主義国間の労働協約制度によりソ連及び東欧諸国へ労働者を送っていたが、一九八六年にドイモイと呼ばれる市場経済化路線が採用されると、九一年には労働省に認定された民間の送り出し機関が、海外の市場開拓、労働者の採用、派遣前訓練、派遣から帰国までの管理を担当すること、労働者は送り出し機関に手数料や補償金を支払うことが定められ、現行の送り出しの仕組みが作られた（石塚 2018: 100-103）。九八年にはベトナム共産党政治局が「労働および専門家の海外送出」に関する四一号指示なかで、労働および専門家の海外送出は国内の雇用問題の解決にとって重要かつ長期的な戦略の一つであり、ベトナムの工業化・近代化に向けた労働者層の育成に資するものであるとし、労働者の海外送出事業の重要性を認めている（新美 2015）。二〇二〇年八月現在、ベトナム政府認定の送り出し機関は三九四社で、二〇一九年八月の三五三社から四〇社以上増加している[8]。その後も海外就労に関する多くの法の整備も進んだ[9]。

一方、移民の移動の原則となる経済格差について見てみると、ベトナム経済は九〇年代から年五％

程度の成長を維持しているものの、その成長率は緩やかであり、日本との経済格差はさほど縮んでいないことが指摘できる。二〇一九年の国民一人当たり実質GDPは二〇八二・二ドルで、日本の四万九一八七・八ドルの約二四分の一に過ぎず（世界銀行HP[10]）、また、アジアの中でもシンガポールや中国などの成長とは比較にならないほど少ない。

二〇〇七年までのベトナムは高い経済成長率を維持し、投資対象国として注目されていたが、〇七年よりCPIの高進と同時並行で貿易赤字が拡大し、過熱気味な状態で政府が利上げに踏み切らず危機感も薄かったことなどから、〇七年一〇月より株価が下落、さらに通貨危機と言える状況になった（みずほ総合研究所 2008: 2）。なぜCPI急上昇や貿易赤字の急拡大を招いたのだろうか。みずほ総合研究所はその要因として、過剰流動性、コモディティの国際価格上昇、冷害・病害の三つを指摘している。すなわち、ベトナム政府の金融政策、急激な経済成長に伴う建設ラッシュによる貿易収支の悪化、自然災害による農産品への影響という複数の要因が関係しているという。

成長を阻む不安定な経済政策等による経済発展の鈍化は、若年層、特に高学歴層の失業率を上昇させている。ベトナムの失業率は都市部でも三％前後で他の国と比べ高くはないが、農業人口が総人口の六五％と高く、不完全雇用が広範に存在し、二〇一七年第四半期統計では不完全雇用が約八〇万人と、失業者一一〇万人に近い数字である。また、若年層（一五–二四歳）の失業率が七・三％と高く、失業者の半分を占めている。特に大卒以上の資格をもつ失業者が約二二万人となっている（石塚 2018: 103）。主な要因は大卒労働力の供給過剰であり、大卒者の失業問題が解決され、国内の給与水準が改善されれば若年層の失業率も好転すると考えられるが、現状ではまだ海外に仕事を求める若者を押しとどめるには至っていない（酒向 2018）。ベトナムの労働力輸出の背景には国内の経済成長の鈍さに加え、実践的知識に乏しい大学教育の問題なども指摘されており、今後も当面は若年層の労働力の輸出は継続することが予測される。

九一年の民営化以降の海外派遣労働者数の推移を見てみると、その数は増加する一方である。当初はラオスや日本などに数百人程度を送出す程度であった（新美 2015: 71）が、九六年には一万人を超え、二〇〇〇年には三万人に達した。二〇一五年には一一万五九八〇人と、一五年間で四倍近くに増加している。二〇一九年には一四万七三八七人で、年間目標値一二万人を二二・八％上回った[11]。ただし、二〇二〇年上半期（一-六月）の海外派遣労働者数は、前年同期比四〇％減の三万三五〇〇人となり、コロナ禍の影響を大きく受けている[12]。

ベトナム人労働者の主な受け入れ国は、台湾、マレーシア、韓国、日本の四か国であるが、受け入れ国の政策に応じてその順位は入れ替わって推移し、近年は日本政府の積極的な実習生受け入れ政策により、日本に行くベトナム人労働者が急増している（石塚 2018: 102）。二〇〇八年には受け入れ国でマレーシアが一位、次いで台湾、韓国、日本は第四位で五五一七人であったが、二〇一〇年以降台湾が一位となり、二〇一七年には台湾が一位、日本が二位（五万四五〇四人）、一八年には日本が一位（六万八七三七人）、一九年にも日本が八万二人で一位となっている[13]。

ベトナムにおける若年層の失業問題は、人口動態の面から徐々に解消されることが予測されている。一九八八年から実施された二人っ子政策の影響もあって、現在の一〇代以下の世代は人数が少なくなっており、今後一〇年間で二〇代前半の人口は約三割減少する見込みで、若年層が就労主目的で海外を目指すブームが収まることも予測されている（酒向 2018: 6）。一〇年後にはおそらく、日本の外国人労働者の顔もまた変わっているだろう。

帰国後の再統合

ベトナムの労働力輸出に関するもう一つの深刻な問題は、海外での就労経験が帰国後必ずしも活かされているわけではないということである。日本の技能実習制度・特定技能制度も、実習生の長期的キャリアの面から見て課題となっている。ホアン（2020）は、日本から帰国したベトナム人による農村地域への再統合を調査し、経験豊富な移動者が地元で再統合できなかったこと、中には財政状況が悪化して帰国した者もいること、国内の就業情報や帰国者支援が充分でないことを指摘している。帰国後にキャリアを活用する機会はほとんどなく、地元の企業は多くの場合魅力的な雇用先ではなく、再び日本で働きたいという者も多いという。ホワンの調査では、日本での実習から帰国して二年以上経過した一八名のうち、再渡航を待っている者三名、仕事を探しながら再渡航を待っている者四名、日系企業で働いている者二名、自営業二名、エンジニア二名、送り出し機関の職員一名、その他四名となっている。帰国後の母国での再統合が困難なことは、若年層を再び海外の低賃金労働者として送り出すことに繋がり、結果的にベトナム国内の産業発展を阻み、労働力の流出を促している。ホアンの調査で挙げられた日系企業の社員、送り出し機関の講師、自営業といった職業は、筆者が行った二〇一八年の調査において渡航前の実習生の多くが帰国後の職業として望んだ職業で、八二名のうち半数近くの三九名が「ベトナムにある日本の会社で働きたい」、一八名が「自分の店や会社を持ちたい」、一一名が日本語教師、通訳など「日本語を活かした仕事をしたい」と記述回答し、インタビューでもこれらの職業を答える学生が多かった。渡航前の若者たちが帰国後に描いているのは、三年間の日本への渡航経験を活かして帰国後の職業選択に繋げたいという希望である。中にはベトナム社会の現状を憂慮する意見もあった。

（二〇一八年九月一八日、ホーチミン市、ベトナム語）

実習生：（日本から帰ったら）ベトナムの考え方を変えられる仕事をしたい。ベトナムをもっと豊かにしたい。そうしたらベトナム人は他の国でお金を稼がなくてもいい。

非熟練労働という選択

外国人労働者が急増するなかで、日本政府は二〇一九年四月一日、新たな在留資格「特定技能」を設けた。これにより就労ビザ取得が可能な業務が拡大し、介護や宿泊業、電気・電子情報関連、自動車整備など一四の特定産業分野において、五年間で三四万五千人の外国人労働者を受け入れる方針を示した。たとえば、一九年度施行からの五年間で、宿泊業では二万千人、建設業では四万人の外国人特定技能人材の受け入れが見込まれている[14]。しかしながら、二〇年六月末までに「特定技能一号」を交付された在留外国人数は全国で五九五〇人と、目標の数値にはかなり隔たりがある。これには制度設計自体の問題や、管理団体、人材紹介会社といった仲介業者の問題等、多くの原因があるが、筆者が訪ねた熊本市内の農家の人は、「特定技能」となれば給与も高くなるので制度を利用するつもりはないと言っていた。多くの小規模事業では本来、単純作業をする低賃金の労働者が必要で実習制度を利用しているのであり、技能実習制度は建前上研修でも、実際には低賃金労働力の確保の為に作られたものであったはずだ。奴隷制度と批判の多いこの実習制度を補完すべく継ぎ足された「特定技能制度」は、より多くの給与と待遇改善が必要で、建前としての基準を打ち出しており、この制度がダブルスタンダードであることの不具合が露呈しつつある。送り出し側にとっても「特定技能制度」は手続きが煩雑で条件も厳しく、既得権益の団体には利益もないため、試験の実施や合格者の手続きは遅れている。また、対象国間での温度差も大きく、最も積極的なフィリピンと、消極的なベトナムは対照的である。ベトナムが消極的である大きな要因は、「特定技能」の場合送り出し機関が不要であるため、送り出し機関と政府に利益がないことであろう。澤田（2020）によれば、技能実習ではベトナム政府の推薦状が必要で、送り出し機関が時には賄賂も使い政府機関との関係を保ってきたが、送り出し機関が不要となると政府機関も不利益を被ることになるため腰が重いのであるという。

建前を制度化した「特定技能」に消極的な国とそうでない国とは、今後外国人労働者の中でも階層を生み出すのではないだろうか。実は、コロナ禍以前から、すでにベトナムからの送り出し状況に変化が生じ始めていることが指摘されている。二〇二〇年にベトナムの送り出し機関での聞き取り調査を行った惠羅（2020）によれば、送り出し機関は現在の送り出し・受け入れ政策を過渡期と捉えており、競合他社による競争原理の拡大や、ＳＮＳによる情報拡散により実習生の負担する手数料がかつての半額ほどに下がっていることなどの変化を指摘している。また、いずれの送り出し機関においても建設分野のような危険を伴う重い仕事に若者が集まらなくなっているという点は共通しており、技能実習の業種の拡大により農業や食品加工などの分野が拡大する傾向にあるという。ある送り出し機関は、日本への送り出し人数は今後五年でピークとなり、その後減少傾向に転じると予測する。

ベトナム政府が「特定技能」のような改善策を推し進めないことで、自国民が短期の非熟練労働者であり続けることを黙認することになり、こうした政策方針が変わらない限り、今後ベトナムの労働力の輸出先が日本から他国へシフトしたとしても、非熟練、短期、低賃金、そして失踪という刹那的とも言える海外労働の質は変わらないのではないだろうか。結果として、海外労働が国内産業の発展に活かせず、経済成長の幅も大きく変わらないという循環を続けることになる。

新たな空間

この章の最後に、労働者の移動に関わる大きな変化、すなわち、ＳＮＳを中心としたコミュニケーションによる移動の意味の変化について述べておきたい。日本における移民をコミュニティという観点から捉えた小林（2020）は、八〇年代以降の低賃金労働者のコミュニティと、研修生・技能実習生とを分けて記述している。両者の違いは法制度によるものではあるが、特に二〇一〇年以降は実習生でもその様相が以前とは明らかに異なってきている。急速に進んだ実習生自身と受け入れ側のインターネット環境が整ったことにより、移動の意味が異なってきたのである。実習生たちは来日前からＳＮＳにより、同国人から日本の情報を得るだけでなく、来日後も離れた地域に住む同国人と、そして母国に住む家族とも、毎日顔を見てコミュニケーションできるようになった。

現在の実習生たちのSNSによるコミュニティは、八〇年代半ばの中東出身の超過滞在者や九〇年以降の日系人たちの場合とは随分異なっている。小林は八〇年代以降の低賃金労働者として、ブラジル人、ペルー人、フィリピン人、中国人留学生、パキスタン人、イラン人、バングラデシュ人、タイ人の形成するそれぞれのコミュニティのあり方を論じているが、インターネットが普及する前、こうしたコミュニティはメンバーが集住するのが特徴であった。現在でも北関東などには当時の外国人労働者の集住地域が少なくない。熊本の農業実習生のように農家などに少数で居住する散在地域では、かつて実習生の孤立感は非常に強かったと考えられるが、現在はどの受け入れ先も住居のネット環境を整え、実習生の孤立感は以前に比べかなり解消されている。

熊本市の農家の敷地内の住居に住む二人のベトナム人実習生WさんとZさんを訪ねた。二人とも二一歳の女性で実家が農家であることから農業実習生を希望したという。Wは日本語があまりできない。二人はSNSでベトナムの家族や福岡・広島にいる他の実習生の友人とほぼ毎日連絡しているほか、仕事の後はすぐベトナムのテレビを観る。

（W・Z：実習生、N：雇用主、M：雇用主の妻、S：筆者、二〇一八年一一月三〇日、熊本市）

S：ベトナムの家族とかは、携帯でLINEをするの？

Z：いいえ、LINEは（しません）。

W：Facebook

S：ああ、フェイスブックでお父さん、お母さんと話すわけね？　お姉さんとか。

W：はい。

N：というか、テレビ電話しよるよね？

M：フェイスブックのば使ってから、メッセンジャー使ったり。お友達たいね。いつもね。

S：日本にベトナムの友達がいるんですか？

Z：はい。います。福岡と広島。

N：今はテレビ電話とかで結構コミュニケーションをとってて、ベトナムの親御さんとかきょうだいとか。言葉が通じらんけんですね。しょんなかとこはあるとですけど。

S：でも一応目を見ればね。ベトナムのご家族、ご友人はご覧になりました？

N：はい。喋らせてもらうというよりも見せてもらうという感じですね。この間、工場の子たちがちょこっと会いに来たよね？

S：熊本の工場で働いてるんですか？

M：うん、で、人数もすごい多いらしいんで、テレビとかもみんなで観るらしいからアイドルとか知ってるんですよ。この子たちはテレビはあるのに観ないんです。

N：ベトナムのテレビ観よるね。

M：ベトナムの映画とか音楽。もう（仕事が）終わったらすぐ。（速度制限がかかって）私達の携帯とかパソコンが動かないんですよ。こっちにもってかれて。

N：光（回線）が来とらんけん。光が来ればね。止まる？　画像止まらん？

ＳＮＳは移動の心理的距離を大幅に縮め、ベトナム、日本という空間の他に、もう一つ新たなコミュニティによる空間を形成している。実習生たちは仕事が終わればすぐにＳＮＳの空間に入ることができる。ＳＮＳの空間はベトナム人の若者たちの孤立感を減らしたが、一方で、ＳＮＳの様々なベトナム人コミュニティから発信される情報は、実習生の失踪や犯罪の機会とも密接に関わっていることも指摘されている。実習生に対する日本語教育も、受け入れ機関の用いるオンライン教材が普及しつつあるが、日本語教育を含めた実習生のサポート体制は、彼らのＳＮＳコミュニティの中に入り込み積極的に情報発信していくことにより、特に地方の外国人の散在地域において有効な支援を提供できると考えられる。

注

1　Xiang, Biao and Johan Lindquist.2014, Migration Infrastructure, *International Migration Review*, 48（S1）:122-148

2　当時の用語法では今日の直用非正規に当たる「臨時工」と派遣・請負労働者に当たる「社外工」を併せて広義の「臨時工」と呼ぶことが普通であった。日本で臨時工が初めて問題となったのは戦前の一九三〇年代である（濱口 2017: 5）。

3　フォーディズム（Fordism）は米国の自動車会社フォードの創業者ヘンリー・フォードの経営理念と生産手法で、ケインズ主義と合わせて大量生産的・福祉国家的な蓄積体制により高度経済成長に欠かせないモデルとなった（和泉 2006）。経済学では第二次世界大戦後から七〇年代までの高度経済成長期の経済体制を指す。

4 大泉町の外国人住民は一九八九年には六八四人であったが、九三年には二五〇五人と急増し、二〇二〇年六月には八〇一七人で人口比の約二〇%となり、そのうちブラジル人が六割近くを占める。大泉町HPより、二〇二〇年八月二〇日閲覧。

5 アウトグループのサイズが大きいほど対応するイングループが自らの利益を脅かすと認識し、グループ内のメンバーがアウトグループに対して否定的感情をもつことを示す社会学理論。Wikipedia 二〇二〇年一二月二一日閲覧。

6 内閣府政府広報室「『治安に関する世論調査』の概要」二〇一七（平成二九）年一一月。

7 ここでの「移民」は国連経済社会局による「長期的または恒久移住と呼ぶのが一般的」とする「国内で一年以上居住する外国人」を指す（坂本信博 2019: 24）。

8 OTIT（Organization for Technical Intern Training, 外国人技能実習機構）HPによる。

9 一九九四年には労働法の一部が改正され、一九九九年に「有期海外就労ベトナム人労働者及び専門家に関する規定」政府議定第一五二号、一九九九、ND-CP が公布、二〇〇六年に「契約による海外就労ベトナム人労働者法」第七二号、二〇〇六、QH11 が制定された（新美二〇一五）。

10 World Development Indicator 二〇二〇年一〇月八日閲覧。

11 VIETJO ベトナムニュース、二〇二〇年一月六日、（参考 DOLAB 10:34 03/01/2020 / PLO 15:002/01/2020, A）https://www.viet-jo.com/news/statistics/200103132223.html 二〇二〇年八月二〇日閲覧。

12 NNA ASIA アジア経済ニュース https://www.nna.jp/news/show/2067849 二〇二〇年一〇月九日閲覧。

13 VIETJO ベトナムニュース、二〇二〇年一月六日、（参考 DOLAB 10:34 03/01/2020 / PLO 15:04 02/01/2020, A）https://www.viet-jo.com/news/statistics/200103132223.html 二〇二〇年八月二〇日閲覧。

14 宿泊業については同右。建設業については惠羅（2020）による。

第4章　イメージとしての日本

たとえば、東アジアおよび東南アジア地域においては、以前として中心／周辺のイメージが、政治的にも経済的にも持続しているが、その関係ははるかに複雑であるように思われる。（遠く離れたアメリカと同盟関係にある）日本帝国が中心であり、NICs（シンガポール、台湾、香港、韓国）が反中心であるとすれば、中国を取り囲む、NICs の次世代（マレーシア、タイ、インドネシア、ベトナム、そしてある程度はその仲間といえるフィリピン）は半周辺と見ることができるだろうし、ビルマ、ラオス、カンボジアは周辺に位置づけられるだろう。

（陳光興 1998: 113）

この章では、まず、諸外国の日本・日本人に対する意識調査を概観し、留学生など定住外国人の増加と共に日本人が誰にどう見られたいのかという対外意識も変化していることについて論じる。次に、異文化適応における実習生を対象とした調査の課題と、筆者が二〇一八-一九年にホーチミン市と熊本市で行った実習生に対する対日意識の調査の概要を述べ、結果の考察を行う。また、それにより抽出されたベトナム人の日本に対する表象のうち、「都市性」「権威主義」について事例を挙げながら論じる。

イメージと適応

初めて外国へ旅をする前に、人はその国にどのようなイメージをもっているだろうか。地球の隅々までメディアやインターネットであらゆる情報が集められる今日、事前の知識がゼロという状態で出かける人は少ないだろう。時にはメディアによるイメージが先行し過ぎることもある。日本に来た留学生の中には、「日本はどこもドラマで見る東京みたいだと思っていた」という者も少なくない。

人は旅立つ前、すでにその文化に対する何らかのイメージを形成しており、実際に異文化と接触することでそのイメージが再形成される。これは異文化接触における適応と意識形成に関わる一連のプロセスである。そのプロセスの中で、接触前に予め形成されているイメージは、旅立つ人の動機付けを形成し、さらに異文化での適応にも影響する。人は自分の信念と一致することが起きると予期する傾向があり、その予期にしたがって新しい情報を探索し解釈する傾向（情報処理における予期確認と選択的な認知）があるため、接触により却って関係が悪化することもあるという（池田謙一 1993）。接触により異文化についての情報を多く得たとしても、選択的認知により偏った情報選択が行われると、事前のイメージやステレオタイプは維持され、さらに強くなることが指摘されている（上瀬 2002）。したがって、留学生や実習生にとって来日前に形成される日本に対するイメージは、来日後の適応に大きな影響を与えると考えられる。

葛（2007）は、中国人留学生・研修生の対日イメージと異文化適応の関係を考察し、「対日イメージと適応との間には正の相関がみられ、対日イメージがポジティブであるほど適応度も高かった」ことを指摘している。また、対日イメージに影響を与えるものとして、山崎（1993）、葛（2007）はいずれも、日本人との対人関係、友人の有無を指摘している。外国に対するイメージはメディアからの知識により形成される部分もあるが、留学や仕事である程度長期に滞在する場合、その国での実際の人間関係がイメージ形成に影響すること、そしてその国に対するイメージが異文化への適応にも影響を与えることが明らかになっている。

誰に、どう見られたいのか

現在、日本に対するイメージ（対日イメージ）及び日本人に対するイメージ（対日本人イメージ）の調査については、インターネットで様々なデータを見ることができる。政府等の公的機関によるもの、民間企業、そして教育・研究機関によるものなど、調査の主体も様々であるが、その調査対象の選択や調査方法によりデータの内容もかなり異なってくる。たとえば、首相官邸ＨＰに掲載される「各国における日本に対するイメージ[1]」という資料は、外務省による各国の対日世論調査と日本政府観光局による「訪日外客実態調査」（満足度調査）の二種のデータを統合したものであるが、後者の調査の対象である訪日観光客の対日イメージが訪日前から良好であろうことは当然予測される。また、中国と韓国は後者の調査のみ含まれており、肯定的な対日イメージのみが取り上げられる結果となっている。一方、ベトナム、フィリピンのような来日する実習生の多い国についても彼らを対象とした調査はなく、結果として、この資料には否定的な対日イメージは皆無という結果となっている。

特に、調査の対象国をどこにするかは、日本人がどの国の評価を気にするか、どこの国に自分を見られたいかという日本人の世界観や対外意識を反映している。外務省による各国の世論調査では、調査開始以来、常に米国が調査対象国として筆頭に挙げられ、日本が米国を外交上最も重視していることを反映している。また、辻村・古畑・飽戸（1987）は世界七か国（アメリカ・イギリス・フランス・西ドイツ・ハンガリー・ケニア・インド）の世論調査により対日イメージを調査したもので、対象国の選定理由としてアメリカが軍事的・経済的に最も密接なパートナーであることを挙げているが、それ以外の国については特に合理的な理由はなく、東南アジアは予算の制約のため断念したという。東アジア各国（中国、韓国、台湾）については対象国として取り上げなかったことへの言及はないが、調査項目の中で「諸外国イメージ」の項目では日本と自国以外に一〇か国についてイメージを測定しており、先に挙げた七か国に中国、フィリピン、韓国、ソ連の四か国が加えられている。こうした各種の対日イメージ調査における対象国の選定を見ると、日本は「欧米諸国、特に米国に日本がどう見られているか」、「東アジア諸国と比べ、日本が欧米諸国にどう評価されているか」を意識していることがわかる。

しかしながら、日本のこうした欧米偏重とも言える対外意識は、七〇年代からの留学生政策による東アジア諸国からの留学生の急増により様相を変えることになる。急増する東アジアの人々との直接的な接触の機会により彼らの眼を意識せざるを得なくなったのである。この情勢を反映し、社会心理学分野において岩男・萩原（1988）は、一九七五年から八六年にわたり日本の留学生に対する対日・対日本人イメージの調査を行っている。その後、留学生の心理面への研究は、異文化適応の分野におけるメンタルヘルス、出身国別の適応の研究等へと進んでいる。田中（2000）による留学生の異文化適応とソーシャル・スキルに関する研究、殷・青木（2017）による中国人留学生の適応の研究、先に挙げた葛（2007）による中国人留学生と研修生の適応の研究等がある。

これらの異文化適応に関する研究の中で、留学生の対日・対日本人イメージに関して注目されるのは、まず、アジア系留学生と欧米系留学生との意識の違い、そして、アジア系留学生の対日本人イメージにおける親和性（あたたかい、偏見がない、親切等）の低さである。調査の結果、アジア系留学生は日本人に対し、「アジア人に偏見がある」「つめたい」というイメージをもつ人が多いことが明らかになっている。後述するように、現在来日前のベトナム人実習生も同様のイメージをもっており、日本人は「つめたい」、「欧米偏重、アジア蔑視」というイメージは、アジア系留学生・実習生共に定着していると言える。

次に、来日前にもっていた対日・対日本人イメージが来日後の適応に与える影響の大きさである。たとえば、中国や韓国の留学生の場合、歴史問題による反日といった否定的なイメージが来日前に既に形成されていることで、それによる留学生の適応におけるストレスが生じる場合があることも指摘されている。殷・青木（2017）は中国人留学生の対日イメージを調査し、「母国の人々が歴史的背景に基づき日本を低く評価してしまう心理状態は、留学生の心理と矛盾している場合もあり、ストレスに繋がる可能性が考えられる。」と述べている。来日前に有している本人や同国人の対日・対日本人イメージが、来日後の留学生・実習生の適応に影響を与えることは想像に難くない。

日本では七〇年代からの留学生の急増により適応の研究もそれに合わせて発展してきたが、適応に関する従来の研究で不足していると思われるのは、外国人のもつ対日・対日本人イメージと、日本人のもつ対外国・外国人のイメージとが相互にどう関わってくるのかという相互のイメージの関係を捉える視点、さらに、その相互イメージの基底にある意識は何かという批判的な視点である。たとえば、アジア系留学生がもつ「日本人はアジア人に対して偏見がある」というイメージと、日本人が彼らに対してもつ「〇〇人はゴミ出しの規則を守らない、清潔ではない」というイメージは、表裏の関係にある。そして、「日本は清潔で、規律を守る国である」という日本人の自己認識には、清潔感や規律性の重視といった価値観が反映されており、それが他者との「境界を仕切るための規範」（ストリブラス&ホワイト 1986=1995: 259）となっている。

（C：農業経営者、D：Cの妻、S：筆者、二〇一八年一一月三〇日、宇城市）

S：（ごみの分別、掃除等の）決まりごととかは、どうやって伝えましたか。日本語で？

C：いいえ、通訳の子に。まあ、寮に住むにあたっての決まりごとは一応作ってたんですよ。

S：それはベトナム語で書いてあるんですね？

D：はい。それと、仕事の面では、やっぱりこの子たちはちゃんとやってるつもりでも、私達日本人の場合は、簡単に言えば、角隅をきれいに、私達はちゃんとするけど、こっちは丸く、こう掃除をする。

C：本人達はまあこれが綺麗になってると思うけど、やっぱり日本人ってもっと、なんというんですかね、事細かというか、まあ、仕事の面なんですけどね、最初は僕達が仕事ばお願いして、これ綺麗になっとらんよって言うと、だから言葉通じらんと、やっぱり通訳の子が間に入ってくれんと、なかなかですね、伝えるのが無理で、で、これが綺麗ていうとがわかったら、もう他の仕事もやっぱり綺麗にできる。ベトナムの子、通訳がよう間に立ってくれるけん、助かっとですよね。

適応研究の課題

筆者が行った調査は、ベトナム人実習生と周囲の日本人の相互のイメージを調査したものである。異文化間のイメージに関する研究は、第1章で述べたように、従来社会心理学、異文化適応の分野において人の移動の歴史と共に発展し、対象者を留学生などの移動者に広げ、日本でも近年は外国にルーツをもつ子どもたちの適応に関する研究が、異文化間教育、日本語教育、社会心理学などの領域で進んでいるが、急増する実習生は留学生などに比べ実態が把握しにくく、研究がそれほど進んでいないという現状がある。

実習生の適応に関する調査は、これまで公的機関やメディアなどにより、労働や人権、帰国後のキャリア等に関わる問題を中心に議論が進められてきた。しかしながら、個人の心理に焦点を当てた異文化適応という観点からのアプローチは、実習生の人数の急増に比して多くはない。その理由として、彼らがこれまで労働力としてのみ捉えられ、個人のメンタルヘルスが重視されてこなかったこと、また、彼らの存在が一般の日本人に見えにくく、調査が困難であることが挙げられる。しかしながら、実習生に対する異文化適応という観点からのアプローチは、以下の点で有意義であると考えられる。

まず、実習生の心理を移民や留学生など従来の研究における移動者の心理の一つに位置付けることで、六〇年代以降の異文化適応における移動者のメンタルヘルスの研究の蓄積が活かせることである。文化間を移動する人の心理の変化に共通するものがあることは、異文化適応曲線の理論等で知られている。移動者が移動前に抱く期待や不安、移動直後の高揚感、その後生じる現実との差異への気付きとイメージの再形成、そして帰国前の自文化への意識や、帰国後のリエントリーショック、追憶の中でのイメージの再形成といった一連の異文化適応の過程は多くの移動者の心理に共通するものであり、移動者のメンタルヘルスに関わる研究の成果を実習生の場合に援用することは、有効であると考えられる。

次に、留学生の異文化適応の研究において、青年期における異文化経験が個人に長期的な影響（職業選択等）を与えることも報告されている[2]。大学の留学生とほぼ同年代であるベトナム人実習生にとっても、日本での経験がその後のキャリアに与える影響は大きいと考えられる。したがって、これまで異文化適応の研究で蓄積されてきたメンタルヘルスやコミュニケーション、さらにはサポート体制に関する議論を実習生の場合に援用することは有益であると考えられる。

一方、実習生のような短期の労働者に対して異文化適応のアプローチを用いる際の課題もいくつかある。まず、実習生自身と周囲の日本人の意識の問題である。短期の低賃金労働者である実習生と、その周囲の日本人が、お互いに日本という場所への適応の深さをどれだけ求めているかは疑問である。既婚者で比較的年齢が高い実習生の場合、国籍にかかわらず、仕事への割り切り方が明確である。また、実習生に対する個別のアクセスが困難であり、調査の際に監理会社を通す必要があることも、調査の信頼性に関わってくる。独立行政法人労働政策研究・研修機構、厚生労働省といった行政組織による帰国実習生を対象とした調査[3]では、技能実習の効果、実習生の帰国後の就職状況などを明らかにしているが、いずれの調査も実施に当たっては監理会社を通じて調査票の配布を行っている。前者の調査は回収率が低いが、実習期間中の禁止事項や困ったこと等の相談相手など実習生のメンタルヘルスに関わる部分について設問があるほか、詳細なインタビュー調査も行っており、実習生の雇用・生活の状況と評価・課題を把握することができる。これらの調査はいずれも中国、ベトナム、フィリピン、インドネシア、タイの五か国の実習生を対象としているが、国により実習生の年齢層や職種、考え方なども異なるため、今後は国別のデータの蓄積や調査も望まれる。

日本語教育の面からも、実習生をめぐる課題は多い。右に挙げた二つの調査においても、実習で役に立った内容として「日本語能力の修得」は、「技能の修得」に続く高い順位を占めている。インタビューではベトナム人実習生による日本語教育の機会を求める声もあった。

【技能実習制度の成果と評価】（事例V2　Bさん　二五歳、女性、縫製会社で実習、二〇一五年三月）

日本人は時間に厳しく、仕事の仕方、管理の仕方が勉強になった。技能実習制度で改善してほしい点は、日本での生活に不自由しないように、ベトナム人が日本語をもっと話せるようになるためのクラスを設置するか、そうしたクラスについての情報を提供すること。今後さらに日本で勉強する機会がほしい。

（(独）労働政策研究・研修機構 2016: 105)

二〇一九年六月二八日、「日本語教育の推進に関する法律」が公布、施行され、文化庁など公的機関を中心に日本語教育の再構築が始まり、文化審議会国語分科会日本語教育小委員会において、日本語教育の標準や日本語能力の判定基準、日本語教育の資格、日本語教員の養成・研修などの論点が検討されている[4]。八〇年代からこれまで想定されてきた日本語学習者は中国・韓国・台湾の留学生がその中心であり、彼らの予備教育や高等教育における日本語教育が主流となってきたが、現在は全く異なった角度から捉えなおす必要が指摘されている。職場でのコミュニケーションを中心とする生活者としての外国人への言語教育は、より社会文化的なアプローチが相応しいと考えられるが、そのためには、まず彼らの言語環境や意識に関わる基礎的なデータの構築と、新たな分析の枠組みの模索が急務である。

ベトナム人実習生の対日意識調査

以下では、「外国人研修生・実習生と日本人の相互イメージの形成」（塩入編 2020）で行ったベトナム人実習生の対日意識調査の概要と結果について述べる。調査はアンケートとインタビューによる四つの調査から成る（表1、2、3、4）。アンケート調査はベトナム人実習生のみを対象とし、インタビュー調査は実習生とその周囲のベトナム人、日本人に対して行った。

アンケート調査は二〇一八年から一九年に行い、対象となる実習生を滞日期間により、来日前、来日三か月以内、来日六か月–三年の三種に分け、来日前の調査はホーチミン市送り出し機関、来日三か月以内は熊本市受け入れ機関、来日六か月–三年は熊本市及び熊本市周辺地域にて行った。回答者は合わせて、女性一一一名、男性八三名、計一九四名で、年齢は男女とも二〇–二二歳

表１ 来日前 送り出し機関におけるアンケート調査及びインタビュー

対象者	送り出し機関の学習者（質問紙回答 82 名）。1991-1999 年生まれ。
調査実施日	2018 年 9 月 21 日
調査場所	ベトナム・ホーチミン市・ANH THAI DUONG Company Limited（ADC）
調査方法	アンケートはベトナム人通訳を介し ADC の教室にて実施。回答はベトナム語、日本語。インタビューは ADC の学習者及び講師等 8 名、ADC 内の教室で通訳を介した。

表２ 来日３か月以内 受け入れ機関におけるアンケート調査

対象者	熊本のベトナム人実習生受け入れ機関日越協同組合のベトナム人実習生（質問紙回答 82 名）。来日後 3 か月以内、企業等配属される前の研修中。年齢 1989-2000 年生まれ。
調査実施日	2019 年 9 月 1 日～ 12 月 31 日
調査場所	熊本市・日越協同組合
調査方法	アンケート調査はベトナム語の調査票により、回答はベトナム語、日本語。

表３ 来日６か月～３年の実習生へのアンケート調査

対象者	組合より各企業配属後の来日半年～ 3 年のベトナム人実習生 23 人。
調査実施日	2018 年 8 月 6 日～ 8 月 12 日
調査場所	オンライン
調査方法	調査票をオンラインで配布、オンラインで回答。ベトナム語、日本語。

が最も多く、次に多いのは女性一八―一九歳、男性二三―二五歳である。日本語学習歴は、来日前の実習生で六―一一か月が六割を占めた。日本語能力試験の取得は送り出し機関により受験の有無に差があり、調査したホーチミンの送り出し機関では日本語能力試験Ｎ４、Ｎ５[5]の取得率が非常に高くほぼ全員がいずれかを取得していたが、来日三か月以内の受け入れ機関の対象者は送り出し機関が様々であることから、Ｎ４、Ｎ５の取得者は四割に満たなかった。来日六か月―三年の実習生ではＮ３の合格者も一名見られたが、全体的には日本語能力を証明する何らかの試験を取得している実習生は五割程度であった。実習生のほとんどは来日前に

表４　実習生と日本人へのインタビュー調査

ホーチミン 2018 年 9 月 21 日実施	ベトナム人学習者 6 名、ベトナム人教師 2 名
熊本県宇城市農家 2018 年 11 月 30 日実施	ベトナム人実習生 2 名、農業経営者夫妻 2 名
熊本市専門学校 2018 年 11 月 5 日実施	ベトナム人留学生（元実習生）2 名
熊本市工場 2018 年 12 月 23 日実施 2018 年 9 月 8 日実施 2019 年 3 月 24 日 /8 月 26 日実施 2020 年 1 月 12 日実施	ベトナム人実習生 3 名 日本人同僚 1 名 日本人上司 1 名 日本人指導員 1 名
熊本市内 2018 年 8 月 14 日実施	ベトナム人通訳（元実習生、監理会社勤務）1 名
熊本市内 2020 年 2 月 9 日 /17 日実施	ベトナム人通訳（大学生・食品工場アルバイト）1 名

ごく基礎的な試験を受けてはいるが、来日後のレベルアップがあまり進んでいないことがわかった。最終学歴は、回答者全体一九四人のうち一五五人が高校卒業で約八割を占め、大卒は一名のみであった（最終学歴を送り出し機関とした回答もあり、その場合不明となっている）。以前の職業は、回答者一九四名のうち最多の四〇名が「学生」または「なし」と答えた。職業としては「労働者」という回答が最も多く、業種では「縫製」「靴の製造」という回答が比較的多かった。調査票は基本的にベトナム語に翻訳したものを用いた。

アンケートの質問項目は、日本人イメージを数値で解答する問題と、それ以外の記述式回答に分かれる。前者は岩男・萩原（1988）による留学生の対日意識の調査と比較するために同調査で用いられている二七対のＳＤ（Semantic Differential）を参考に四因子（親和性、勤勉性、信頼性、先進性）一二対の項目[6]について七段階の選択で行った。この質問以外は、日本人との交友関係、日本についての情報、帰国後の計画など、いずれも記述式回答とし、記述はほぼすべてベトナム語によるものを翻訳している。

選択式の回答結果については、来日前、来日三か月以内、来日六か月−三年の三つの調査で共通して、日本人の勤勉性と信頼性の数値の高さ、親和性に関する項目の数値の低さが見られ、中でも「偏見がない」という項目の低さ（＝偏見がある）が顕著であった。日本人イメージにおける勤勉性の高さと親和性の低さは、これまで岩男・萩原の調査でもアジア系留学生の回答に顕著であることが指摘されている。今回のベトナム人実習生に対する調査でも、「勤勉」（勤勉性）「責任感が強い」（信頼性）という項目が高く、「あたたかい」「偏見がない」（親和性）という項目が低かったことから、このイメージは留学生・実習生を問わず、アジアの若者のもつ日本人イメージとして定着していることが推察される。

注意したいのは、親和性の中で「親切」という項目は三つの調査のいずれにおいても高かったが、「親切」は「あたたかい」とは異なるイメージと捉えられているということである。「親切」であるが「あたたかくない（＝つめたい）」という日本人イメージは、岩男・萩原の調査においても見られた傾向である。今回の回答者の多くが「日本人のいいところはどこか」という問いに対し、「困っていると手伝ってくれる」「おもてなし」などと答えていることから見ると、「親切」は丁寧さや礼儀正しさといった意味合いが強く、人情の厚い人柄を示す「あたたかい」とは異なった意味をもつと考えられ、親和性の項目についての再検討も必要かと思われる。

また、「あたたかい」「男女平等」「開放的」という項目は来日前の調査においていずれも低く、来日後の調査で高くなっているが、「偏見がない」という項目の低さ（＝偏見がある）だけは三つの調査での違いが少なかった。同一の対象者による縦断的調査ではないため個人の意識の変化は不明であるが、「偏見がある」という日本人のイメージは、対象や来日前後の違いにかかわらず、ベトナム人実習生に固定的な意識となっていることが推察される。

日本イメージの形成

次に、日本・日本人に対するイメージ（以下、日本イメージ）が形成される要因についての記述式回答の結果について見てみる。来日前、来日三か月以内の実習生の場合、日本イメージの形成要因として、自分の経験ではない間接的要因（インターネット・SNS、ベトナム人知人、学校での教育）が多かったが、来日六か月－三年になるとこれらは減少し、「日本人の知人がそうだから」という直接的要因が顕著になった。また、来日前の実習生に対するアンケート調査のフォローアップ・インタビューでは、複数の人が渡日経験のある家族や友人から様々な経験を聞き、日本イメージを形成していると語っていた。実習生は来日前から日本イメージを間接的要因から形成しており、滞日年数が長くなるにつれ直接的要因に移行していると考えられる。間接的要因のうちインターネット、SNSは近年特に影響の大きい要因と考えられる。ただ、SNSは同国人とのコミュニティ形成の機会を増やしたが、日本人との交流の機会を増やすのにはそれほど役立っていないようである。来日前の実習生八二名のうち日本人の友人がいるのは二名だけで、そのうちSNSにより日本人と知り合った人は一名のみであった。ベトナム人実習生がSNSで得ている情報は主に日本にいる、あるいは日本に行ったことのあるベトナム人からの情報によるものであると考えられる。

調査では、SNSコミュニティにより日本イメージがどう形成されているかを知るために、「日本にいる友人から日本について聞いたことでいいことと悪いこと」を記述する項目を設けた。三つの調査の回答をまとめて【 】のカテゴリーに分け、多かったものから示す。（ ）の数字は回答者の人数を表す。

（一）日本にいる友人から聞いた日本のいいところ

【日本人】親切（一八）、優しい（一〇）、まじめ（八）、お互い助け合う、正直（五）、人がいい（三）、ベトナム人に対して優しい、熱意・熱心（三）、規則・順番を守る（一一）、時間を守る（四）クリエイティブ、頭がいい（二）、公平・正義、礼儀正しい、侍精神、責任感がある（五）、おもしろい、自己鍛錬・自立の精神、よく働く、心を込めて製品を作る、一生懸命（三）、自律している、明るい、日本人の同僚がいつも手伝ってくれる、徳が高い（三）、公益を考える、意志が強い、日本人の意識、節約

【景色・環境】景色がきれい（一一）、きれいな国（七）、桜・富士山がきれい（三）、きれいな空気（三）、環境がいい（五）、エコが発展している、ゴミの分別（二）

【労働】給料が高い（九）仕事がいい（二）、仕事が安定している（三）、残業できる、お金を多く稼げる、仕事が簡単、働き方が効率的、休日が多い

【交通】交通が便利（六）、交通が安全（四）

【経済の発展】経済が発展している（五）

【生活様式・生活水準・社会福祉】生活が便利（五）ライフスタイルが近代的・堅実、生活水準が高い（三）医療サービスがいい、住居が便利で安全できれい、インフラ・社会福祉・高齢者の生活と介護がいい

【食べ物】食べ物がおいしい（三）日本料理がおいしい（八）、料理が健康にいい、食品の質が高い

【先進性】先進国、工業や技術の先進国、近代的（二）、技術、ハイテク（二）
【衛生】衛生的、食品が衛生的（二）
【文化の発展】文化が発展している、多様な文化、文化が有名、祭が多い（四）、文化（二）、文化が面白い
【治安】治安がいい、安全
【豊かさ】豊かな国、きれいで近代的、有名な国
【政治・政策】雇用創出、民主主義国家で共産党がない、ベトナムより急進思想

回答を見ると、「日本のいいところは」という問いに対して最も回答が多かったのは【日本人】についての情報である。中でも「親切」「優しい」といった親和性に関する記述と、「規則・順番・時間を守る」「責任感がある」といった信頼性に関する記述が多かった。日本で三年間生活する実習生にとって日本人の人柄や態度についての経験的知識は、これから来日する同胞と最も共有する価値の高い情報であることを表している。次に多いのが、【景色・環境】に関する情報である。富士山や桜の景色はベトナムの送り出し機関のＨＰを飾り、実習生にとって日本の象徴的な風景となっているほか、「きれい」という景観や環境全体についての美観や衛生観念に関わる意識が示されている。特に、送り出し機関の事前研修において重点的にゴミの分別についての注意がなされており、来日後も日常生活において環境やエコロジーを意識する機会が多いことを示している。

次に、「日本の悪いところ」についての回答は以下の通りで、災害・気候、労働、そして日本人に対する回答が続いた。

（二）日本にいる友人から聞いた日本の悪いところ

【災害・気候】天災が多い（二四）、地震・津波が多い（一一）、不安定・過酷な気候（七）、台風が多い（二）、冬は寒い（六）

【労働】仕事が大変・ストレスがある（一六）、過労、給料が低い（二）、書類をよく検査される（二）、仕事の内容が難しい、給料があまり明白ではない、上司と部下の関係

【日本人】つめたい（一〇）、ケチ（二）、ケチな上司（二）、外国人に対して不快な気持ちをもつ・外国人が好きではない人が多い（二）、疑い深い、人間関係が希薄、ロボットのように労働し感情がない、感情が平板、寛大でない、感情がわかりにくい、人を見た目で評価する

【ベトナム人に対する差別】ベトナム人に対する差別（二）、実習生に対し悪口を言う人がいる、ベトナム人をいじめる悪い日本人もいる、ベトナム人に対して悪い態度を取る人が多い、ベトナムを軽視してバカのように見る、ベトナム人に対し悪い印象をもっている、ベトナム人が嫌いな日本人もいる、ベトナム人技能実習生を好きではない人がいる、ベトナム人を尊重せず侮辱する、技能実習生の生活は窮乏で搾取される場合が多い、会社の日本人はあまり仕事しないのにベトナム人をいじめる

【食べ物】食べ物が口に合わない（五）

【社会問題】変な人が多い（五）、男尊女卑（四）、セクハラがある（二）、痴漢に遭う、ニャット・リンちゃんの事件がまだ解決されていない、老人が孤独、厳しい規則が多い

【物価・税金】物価が高い（三）、食べ物の値段が高い、税金が高い

【言語】日本語が話せないと暮らしにくい（三）言葉が通じないので誤解が生じる（二）
【入国】ビザの発行が遅い
【生活環境】田舎に住むと寂しい

日本の悪いところとして最も多く挙げられたのは【災害・気候】に関するもので、回答者の半数近くが言及していた。特に熊本のように近年災害の多い地域に行く可能性のある実習生や、農業のように天候に左右されやすい仕事に従事する実習生にとって関心の高い情報である。【労働】については「仕事が大変・ストレスがある」という記述が多かった。仕事でのストレスは先に挙げた日本人への肯定的な評価である「規則・順番・時間を守る」「責任感がある」といった信頼性とも関わってくる。来日前に送り出し機関では、時間や規則に対する日本人の厳格さが強調され、来日後の仕事や生活態度に対する事前研修が行われている。次に、【日本人】についての情報では、「つめたい」「ケチ」「感情がわかりにくい」といった記述が見られ、これはアンケート調査の結果とほぼ一致しており、来日前の日本人のイメージは、日本にいる友人からの情報により形成されるところが大きいと考えられる。

注目したいのは、【ベトナム人に対する差別】に分類される記述が多く、また、特に詳細に記述されていることである。このことは、実際に日本に行った友人から具体的な事例を聞いていること、そして回答者自身がこの事項を敏感に意識していることを表すと考えられる。また、記述には「いじめる」「悪口を言う」「悪い態度を取る」「侮辱する」といった具体的な日本人の態度や行動が示されており、日本で先に働く知人たちが自らの経験を伝え、来日前の実習生と共有していることが窺われると同時に、同胞からの体験と情報の共有が来日前の実習生にとって強いイメージとして定着すると考えられる。【社会問題】では、男尊女卑やセクハラなどジェンダーに関わる記述が多く見られるが、実際のトラブルも多く、特に女性の実習生がセクハラに遭う事例が非常に多いにもかかわらず表面化しにくくなっているという実態がある。

以上、記述回答から、ベトナム人実習生が主として日本人、災害・天候、景色・環境、労働に関する情報を日本の知人などから得ており、ベトナム人に対する差別に関わる同胞の具体的経験や情報が実習生に広く共有されていることがわかる。

都市性と中心性

アンケートの記述式回答、及びインタビューのデータから、上位概念となる表象を抽出した。以下では、抽出された「都市性」「権威主義」という表象について、データを引用しながら考察していく。

移動の動機や日本の外観的イメージとして多く語られているのが「都市性」という表象である。都市性の特徴をいくつか挙げてみると、まず、「きれい」という形容に象徴される、先進性への憧憬の意識が指摘できる。日本のイメージとして「景色がきれい」といった景観に関する回答が多かったが、具体的にどのような景色かを回答から見ると、富士山、桜といった日本の象徴的な風景のほか、東京など都市の風景も挙げられていた。また、「どこで生活したいか」という質問に対する答えを見ると、多くが東京、大阪といった都市を挙げ、その理由として、「近代的で工業、貿易が発展した都市だから」「東京は世界一大きな都市で、世界一近代的」など、近代的で大きな都市であるからと述べている。また、東京などの大都市が「日本の代表的な文化が集まるところ」で「きれいな風景も多いから」という都市を称賛する説明も多く、「きれいな風景が多い、近代的な都会で成長したい」「テレビ等で東京、大阪、北海道は有名できれいな景色が多いと聞いた」「大都会で人が多く景色がきれいだから」など、都市への憧憬を述べた記述が多く見られた。

また、日本以外に行きたい国は、アジアでは韓国、欧米ではアメリカが圧倒的に多く、韓国に行きたい理由として、「きれいな国、大都会、美味しい食べ物、イケメンと美女が多い」「風景がきれい、人が親切、料理が美味しい」といった理由が挙げられている。一方、アメリカに行きたい理由としては、「世界一の経済大国、生活の質がいい」「きれいな風景が多く、経済が発展しており生活水準も高い」「英語を勉強したい」「文化・経済・ビジネスを学びたい」など、また、フランスに行きたい理由については「景色がきれいで人も親切だから」「エッフェル塔を見たい」といった記述が並ぶ。

回答ではいずれの国に対しても共通して「(景色が)きれい」という言葉が並んでいるのに注意したい。ネットワーク・マッピングの作家ブラク・アリカンは、世界中の観光プロモーション映像からランダムに選んだイメージ(女性、海、太陽)や人間関係(友情)、雰囲気(平和)などすべてにタグをつけ、巨大なネットワークマップである「モノバケーション」(Monovacation)を作ったが、そこに挙げられている観光イメージはほぼ同じであることに驚かされる[7]。こうした現象は観光地に限らず、都会イメージでも同様の現象が起きるだろう。ランダムに選んだイメージは、おそらく均一で不特定な地図を形成するはずだ。ルフェーヴルは人々が日々労働する「市場と消費の空間」と、そこを脱出して別の空間への移動を夢見る「空間の消費」としての観光地の関係を説明しているが、非日常的空間である後者の空間はおそらく観光地の場合だけでなく、留学先や移民先といった非日常の空間を指すと考えられる。ベトナムの若者にとって、移動先のまだ見ぬ空間は、「景色がきれい」で「経済が発展している」場所である。すると、東京や日本についての「きれい」という形容は、決して東京や日本のイメージに特有のものというわけではないことがわかる。日本は、韓国、アメリカと同様、ベトナム人の若者にとっては先進性を内包した「都市」という表象で表される空間なのである。ベトナム人実習生が抱く都市への憧憬は、かつて拙著（2018）で述べた、アジア人の移動に関する歴史的な動機と共通している。「都市」という表象は、二〇〇〇年前後、台湾からの留学生の多くが日本に対して抱いていた。

【日本の大学に一年間交換留学し帰国した台湾の大学生A・Bへのインタビュー、S：筆者、中国語】

S：日本の魅力って何ですか。風景？

A：生活です。

B：生活です。多様で多彩で飽きない。台湾に帰ったら行く所がなくて毎日パソコンばかり見ています。

S：日本には選択肢が多いということかな。

B：そうです。東京駅に行くのが一番好きです。たくさんの人が見られて、いろいろなスタイルの人がいて。そんな生活がすごくいいんです。

S：たくさんの人を見るのが好きなの？

A：じゃあ、台北駅に行けばいいじゃない。

B：（Aに向かって）違うよ。東京駅は人が多くて、自分が先進的な時代に生きてるってすごく感じる。

（二〇〇四年三月一六日、台北市）

アジア人の移動は歴史的には労働力としての移民が留学に先行しており、自由移民と知識を求める留学は、移動を選択する自主的な意志において近接している（杉原 1999）。現在、実習生と留学生の実質的な境界が不明瞭になりつつあるが、いずれの場合も経済的な目的と並行して、都市への憧憬の意識が存在するという共通点がある。ベトナム人だけでなく、アジア人の移民の雇用を求める意志は、近代のアジア人が欧米の教育機関に向かう留学の意志と共通するものがある。それは、自分や家族の生活の向上という私的、功利的動機であり、都市への憧憬である。ベトナムの若者が日本に対して抱く都市の表象は、これまでのアジア人の移動の動機と少しも変わるところはない。

都市に対する憧憬は近代化の特徴でもあり、先進性という基準により、欧米諸国-日本を含む東アジア諸国-東南アジア諸国が階層構造を形成している。さらに、東アジア諸国の間でも、日本とその他の国々の間で階層は動的に形成されており、留学や移民という移動の構図にはこの階層構造が大きく関わっている。そして移動者を受け入れる者の意識にも、かつての階層構造は深く根をおろしている。

近代化はアジアの人々のライフスタイルを変えた。第2章で述べたように、近代化はグローバリゼーション、あるいはアメリカ化と言い換えていいのかもしれない。ライフスタイルにおけるアメリカ化は、消費による物質的な豊かさだけでなく、家族のあり方や労働観、社会規範といったあらゆる価値観に影響を与えているが、無意識のうちに都市という中心に向かう中心性とでも言うべき意識を植え付ける。

二〇二〇年八月、阿蘇の工場で実習生として働くハノイ出身の女性Yさんに、彼女の職場近くのファミレスで会って話をした。ほっそりした身体にかなり着込んだ白地のTシャツ姿の彼女は、にこやかで爽やかな印象である。来日して一年半、毎朝四時半に起床、五時から午後三時まで工場で働く。ベトナム人の実習生二人で住む部屋にテレビはない。最初は寂しかった。ベトナムの家族とSNSで毎日話す。今は寂しくない。彼女のTシャツの左胸にはミッキーマウス風の黒い立体的な飾りが付いていて、しっかりした彼女がやや幼く見える。来年帰国する前に行きたい所は東京、ディズニーランド。彼女が取り出した財布はヴィトン風の真新しい長財布だった。一瞬、筆者と彼女の間にある何かが溶解したような気がした。目を遣ると、ファミレスの駐車場に止まった黒い軽自動車から若い母親が子供を抱いて出てきた。車の内装はミッキーマウス・グッズで溢れている。筆者も含め、ここにいる女性たちはみなアジアの女性であり、都市という中心に向かっている。

だが、その翌週に訪れた、熊本市郊外の農家で働く中国の実習生の女性たちは少し違っていた。中国人の実習生の割合はかつてよりかなり減少しているが、昔から慣れた中国人を希望する農家の雇用主も少なくない。中国の実習生には比較的年齢の高い人もおり、家族を残して単身赴任している女性も多い。彼女たちは、この仕事は家族のため、生活のためと割り切って、落ち着いた眼をして働いている。休みの日に遊びに行くとか、日本人との交流や付き合いなど、最初から期待していない。朝四時から農作業をし、昼からは工場で選別の作業をする。三週間に一度、社長の運転するマイクロバスに乗りスーパーで買い物し、大量の食品を冷凍保存し、自炊する。起床、仕事、風呂、食事、睡眠、そして起床。三年間繰り返して、文句も言わずに黙々と働く。彼女たちは日本にいるが、その眼の先には中国の家族の生活がある。彼女たちにミッキー風はない。

都市とディアスポラの公共圏

「都市性」のもう一つの特徴は、脱領土化された空間の存在である。脱領土化は資本主義による全ての物の一元化、商品化であると言えるが、特にメディアによる情報の脱領土化はあらゆる物の再領土化を困難にし、無政府状態とも言われる。その代表的な例はSNSによる空間である。メディアによる情報の脱領土化の影響を最も受けているのは若者たちである。SNS上では三〇年以上前から日本のサブカルチャーをめぐる国際的な場所が存在していたが、アパデュライ（1996: 2004）によれば、現在のグローバリゼーションを特徴付けるのは、メディアを媒介としたイメージと、それにより構成される脱領土化した「ディアスポラの公共圏（diasporic public sphere）」の存在である。SNS上の様々なサブカルチャーを中心としたコミュニティは、そうした公共圏と言えるだろう。ベトナムの実習生のSNSコミュニティの中には日本人も参加する発達した公共圏が存在する。こうした空間における脱領土化もまた、「都市性」の特徴である。では、この空間はどう位置付けられるのか。

ルフェーヴルは「空間の表象」というシステムとして公に計画される空間と、「表象の空間」という個人の生きる私的空間との折衷的空間として「空間的実践」を提出し、これによりSNSコミュニティのような脱領土的空間を扱うことが可能になったと言えるだろう。ただし、現在はSNSという個人間での情報や力のフローにより膨張したことで私的空間が拡大し、公的空間との関係の構図は変化している。「表象の空間」自体も国民国家という境界が揺らぎ、さながら多民族国家の様相を呈している。ディアスポラの公共圏における主体は国家や公、あるいは組織とは離れ、個人対個人のコミュニケーション、個人対不特定多数のコミュニケーションを行っており、そこでは異文化が直接的に接触し、国家や民族といった従来の文化の境界とは異なる境界線（世代、趣味、嗜好等）が引き直され、ＳＮＳ上では日々様々なグループが形成されては消滅している。

かつて「都市性」を構成する中心であった先進性は、いつの間にかこの脱領土化に移り変わってしまって都市性の内包がすっかり変わってしまっても、両者の性質の近似性とその変化の緩慢さのために、おそらくその移り変わりに気付いていない人も多いに違いない。見方によっては、国を挙げての政策と不可分であった近代性・先進性が進行した結果、遂には個人のライフスタイルにまでそれが浸透したかのように見えるからだ。実際、ある部分はそうであるのかもしれないが、そこには決定的な違いが生じている。それはアパデュライの言う、国民国家の存在の揺らぎ、終焉である。

ベトナムの若者がハノイの自宅のパソコンで日本のコスプレの動画を見る時、実習先の熊本のアパートのパソコンでアクセスしたＳＮＳで中国人からヴィトン風の財布を買う時、共通するのは「都市性」という表象のもつ脱領土化した空間の存在であり、そこではベトナムと日本という境界は融解している。

RITO RITOにおける都市の表象

ベトナムと日本の境界が「都市性」を介して融解している具体的な状況を、映像作品で見てみたい。

「RITO RITO（リト・リト）」（二〇一八年）は、ベトナム人の二〇代の監督Nguyen Ngoc Thao Lyによるドキュメンタリー映画で、国際交流基金アジアセンターによるVisual Documentary Project 2018[8]において入選作品に選ばれた。

一五歳の少女リトはアニメと漫画が好きなオタクで、周囲から孤立していた。ひどいいじめに遭い、中一で学校をやめてしまい、コスプレを心の支えに生活している。コスプレの仲間もでき、コスプレをしている時は自信がもてると感じる。ベトナムの若者がコスプレという日本の大衆文化を受容することにより社会的関係を構築していく様子が描かれ、ハノイという空間としての都市を背景に描きつつ、リトの生きる世界が日本、さらに世界に開かれ繋がっていることを感じさせる。

おそらく多くの日本人は、この作品を観て小さな驚きを感じるに違いない。ハノイという東南アジアの都市に住む若者の日常生活と心理が、日本の若者のそれと全く違うところがないということに。そして、画面に映るハノイの都市としての風景（ビルの谷間、ショッピング・モール、KFC、BURGER KING、そしてNARUTOの看板のゲームセンター）が、いずれも日本でも馴染みのあるものばかりであることに。そこではアメリカ化した商業文化と日本の大衆文化が錯綜し、ベトナムらしいものは見当たらない。リトが生きている仮想の世界は、こうしたグローバリゼーションの空間にこそ存在し得る。ビルの谷間で様々なコスプレをする彼女自身とその周囲の若者たちは、コスプレを通じて都市を志向する「都市性」の表象そのものである。

だが、リトが現実に生きている世界は、それとは全く異なっている。画面がリトと両親の住むダウンタウンに切り替わると、ハノイの伝統的な街並みや人々の生活の様子が映し出される。狭い路地と小さな店の数々、路上に置かれた大鍋からプラスチックの柄杓でお湯を汲み出すリトの母。リトの両親が小さな食堂を営むダウンタウンの街の様子は、近代的な高層ビル群とは対照的だ。高層ビルとその谷間にダウンタウンが共存する風景は、台湾、中国、韓国、そして日本でも見た覚えがある。アジアの近代化の風景だ。リトの生きる空間は、インターネットや大衆文化を通じ、直接日本や世界と繋がっている。彼女のアイデンティティもおそらく脱領土化しているのに対し、リトの両親のアイデンティティはベトナムという国民国家に属して揺らぐことはないだろう。親子の間には暗黙の溝が存在している。

母：娘は勉強がだめで小学校しか出ていない。中学でもダメで不登校になった。……本人にやる気があれば学費を借りてたわ。ためらわずに。……中学の頃からパソコンでずっとネットをしていた。依存症よ。それから日本のものに憧れはじめたの。困った子。好きなことをすればいいわ。私は止めない。限度を越えなければね。何だかわからないけど。

リト：コスプレを始めてから友達がたくさん出来た。それまではうつ気味だったし、自分の殻に閉じこもってたけど、コスプレをしてると人ともラクに話せるの。友だちにも会えるしね。……総合的に、コスプレは私を救ってる。

監督：学校に戻る気は？

リト：もう遅すぎるでしょ。家族を手伝って皿洗いとか店番をするだけよ。ママが夕方に料理の屋台を出してて、私もときどき手伝ってるの。

監督：学校が嫌なら職業訓練は？

リト：いいかもね。私は働きたいから。

監督：どんな仕事で？

リト：昔はデザイナーに憧れたけど、今は何でもいい。未来が想像できないよ。人生終わってるもん。

（「RITO RITO」より）

学校をやめたリトの「人生終わってる」という言葉、そして、母親の「本人にやる気があればためらわずに学費を借りていた」という言葉からは、ベトナム社会における学歴主義などの近代的な価値観や規範意識も垣間見える。リトと両親の間に存在するギャップは、正確には世代によるものとも言えない。なぜなら、リトの姉は大学を出て両親の期待通りに育っているからだ。両者のギャップは、近代とポスト近代のギャップとも言えるもので、リトは聡明で敏感過ぎて、姉よりも誰よりも早く時代の先端の「都市性」に気付いたのだ。仮想の都市空間に生きているリトはほとんど食事をしないので、ひどく痩せている。リト自身も、それが現実の空間ではなく、いつかは自分も現実に戻らなくてはならないことに気付いている。リトはハノイという現実の都市で育ち、仮想の都市に生きているが、ハノイという都市の「都市性」を体現してもいる。

権威主義と階層構造

「都市性」のほかに、ベトナム人実習生による日本の表象として「権威主義」が指摘できる。「権威主義」は政治学における非民主主義の思想や体制を指す場合と、心理学における権威主義的パーソナリティを指す場合があるが、ここでは植民地主義的な思想や政治・経済体制を指すと同時に、心理学のパーソナリティ研究において指摘されている「権威主義」の態度や行動の特徴、すなわち、権威に服従する態度、規範逸脱者に対する攻撃性、伝統的価値観の遵守（因習主義）、国家主義・愛国心等の保守主義が重視する道徳観といった特徴[9]を、異文化間の個人の相互意識に関して用いている。以下では、ベトナム人実習生たちの日本イメージの中に二種の「権威主義」が存在していることを見ていく。一つは職場での階層構造によるもの、もう一つはポストコロニアリズムの意識によるものである。

一つ目は、職場における階層構造についてである。通訳のベトナム人Hさんは工場の実習生たちの不満が職場の人間関係にあると述べ、その階層を「タテ社会」と評している。実習生は最下層に位置し、日本人の間でも正規社員（「社員さん」）と非正規社員の階層が異なるという。

（H：工場の通訳のベトナム人留学生、S：筆者、二〇二〇年二月八日、熊本市）

S：実習生が日本人に対してもってるイメージっていうのはHさんから見てどう？

H：まあ、そういうことまであまり聞いてないですが、でも、やっぱ、なんかあの、実習生たちはいつもあの、不満という気持ちがあるみたいですよね。

S：不満なのは、さっきあのタイムカードの話があったけど、仕事の内容とか量？お給料とか、そういうことが一番多いのかな。

H：まあまあまあ、そういうこと、っていうか、やっぱ人間関係の問題かな。

S：自分の上司との人間関係？

H：はい。

S：実習生の上司っていうと、上にも何人かいるでしょ？

H：そうですね。だってなんか実習生たちだったら、なんかあのタテ社会って言うと、一番下は実習生ですね。次は留学生、で、次は日本人、で、次は社員さんです。そういう感じ。

従業員の間に階層が存在するという指摘に続いてHさんは、階層の下位に属する実習生や留学生は上からの指示に逆らえず、黙って従う態度を取っていると語っている。

H：以前は自分が会社に入ったばかりの頃は、ある上司がなんとかあって。実習生は、実際は二時二五分まで働いていたんだけど、でも社員さんがすぐタイムカード押してって。あの会社の規則といったら、給料は一五分ずつ決められているから、二五分だったら一〇分働いてることになるんだけど、なんで三〇分まで働かせないかということを疑問してたかな。法律としては、あれはだめじゃないですか。彼は二五分まで働いて、あと五分は実習生たちだったら毎日なんか日記とか書かないといけないじゃないですか。で、日記の方も給料になるじゃないですか。だってあれも仕事だからと思いますけど。なぜなんかあの社員さんに今すぐタイムカード押してって言われたんで。

S：ああ、三〇分になる前にね。そうすると一〇分の残業代はつかないことになるわけね。それは日本人の人たちが実習生にそう言ったの？

H：そうですね。そう言いました。

S：あなたは通訳したわけ？

H：いや、だって、いや……押してとかも言わないですよ。だってなんか自分はなんかそういうことを見て、で、なんも言えなかったんですよ。だって自分の会社の身分とかもやっぱ目下に見てるから。

S：実習生はそれについては何も言わないの？

H：自分もなんかそう聞いてみたんだけど、彼はなんか自分が、まあま三年間ここで働くことにしてるから、まあやっぱなんかあの、日本人と仲良くなりたいって言ってるから。

S：何も言わないということね。

H：そうですね。言ってみたんだけど、彼はなにも。もう自分は何回もそうされてたから、大丈夫って言われたけど。

実習生は三年間働き通すために、仕事に関する不満も口にしないことが多いという。こうした黙従の態度は、権威ある者への抗えない関係によるもので、そこには上司への敬意、意思の疎通は見えにくい。一方、意思疎通のある雇用関係では、「オコラレル」というのも前向きに受け止められていた。

（Z：実習生、W：実習生、A：農業経営者、B：Aの妻、S：筆者、二〇一八年一一月三〇日、宇城市）

S：仕事のことで理解できないこと、あります？

Z：あります。

S：あります？　何？
Z：ボス、これ（仕事道具）持って帰ります、でもわかりません。
A：Wはわかると？
W：（首を横に振る）
A：わからんか。
Z：はい、仕事終わります。ボス、いろいろ持って帰ります。でも私わかりません。持って帰りません。
B：ああ、で怒られる？
Z：はい。
B：（笑）
A：自分のバッグ、自分のベルト、自分のはさみ、全部あるんですけど、そこに置いとる。
（一同笑）
S：ボスは怖いですか。
Z：ボス、怖い（笑）。

農業経営者Aさん夫妻は年齢も比較的若く、妻は携帯の翻訳アプリを駆使して実習生とコミュニケーションを取っており、Aさんは初めての受け入れを心配したが、杞憂に終わったと述べている。Aさんは「お父さん」ではなく、「ボス」である。そこには権威主義的な関係はなく、良い意味でのビジネスライクな関係が存在している。

権威主義とポストコロニアリズム

権威主義はアジア特有の家族制度や上下関係に存在するため、日本人とアジアの人々の関係には容易に侵入してくるだけでなく、時には過度の従属、庇護の関係を生む。特に小規模な受け入れ先では、雇用主との関係は雇用主の姿勢次第で決定付けられる傾向があり、実習生との距離の取り方が難しい。次の事例は、ベトナム人元実習生と雇用主の間に見られる、過度の従属・庇護の関係の事例であるが、これもまた権威主義の一種である。Tさんは夫と子どもをベトナムに残し、現在は熊本県内外の工場で実習生の通訳をする仕事をしている。数年前は自分も実習生として近隣県の工場で三年間働いていた。Tさんにとって近隣県での同僚三〇人との実習生活は、総じて楽しいものだったという。

（H：元実習生、T：筆者、二〇一八年八月一四日、熊本市）

S：印象に残っているつらいことってありますか。

T：つらいことって、あんまりないんですけども、まあ大体、まあお金ですね。お母さん、お父さんは、自分のお父さんお母さんなんですけど、いつも「今月はお金送りますか」とか聞かれたりする。

S：お父さんお母さんっていうのは、あなたのお父さんとお母さん？

T：はい、父、母。大体「今月お金送りますか？」と聞かれたから。そうです、そういうことで辛かった。

健康に聞くためのなくて、いつもお金送ってくださいとか。

S：あなたの健康のことよりも「お金を送りましたか」ってこと聞かれることがつらかったってことね。そうね、やっぱり、あの、毎月送ってたんですか、仕送りは。

T：はい。何か月（かごとに）、オーナーさんベトナム行くから、そのお金預けて送ります。

S：あ、そうなんだ。（オーナーは）時々ベトナムに行くんですね。お母さんとお父さんも会うんですか？

T：はい。

S：でも三〇人全部会うの？

T：はい、みんな集めて、えと、ホテルまで。

S：ああ、みんなが行ってね、オーナーと会うのね。

雇用主がベトナムの父母の所へ行き直接実習生からの送金を手渡しするという方法は、雇用主が中小企業や農家の場合、また、実習生が農村部からまとまって来日しているような場合、よく行われている方法で、中国人実習生の場合もある。日本人雇用主はいわば親代わりで、実習生の親たちにとっては大切な来賓であり、手厚いもてなしを受ける。家族ぐるみとも言える雇用関係であり、日本人雇用主は実習生の地元で名士のような扱いを受けている事例もある。Tさんの雇用主は当時七〇歳くらいで、彼女にとっては「世界一優しい」「お父さん」であった。雇用主とその妻は休日も事務所で彼女たちに日本語を教えてくれ、東京ディズニーランドにも費用の六割程度を会社が負担して連れて行ってくれた。

T：まあ、東京も遊びに連れてってくれました。東京ディズニーランドとか。
S：みんなで行ったの？
T：はい、みんなです。何十人で行きましたんですよ。
S：それ、お金はオーナーが払ったんですか？
T：まあ、高いところは私たち、たぶん四割私たち。
S：お金すごいかかるもんね。東京までね。
T：はい、一週間。
S：飛行機で行ったの？　三〇人で。
T：はい。日本人も行きましたですよ。
S：すごい、じゃあ、何十人も行ったんだね。
T：すごい人気、お父さんがね。
S：じゃあ、Tさんが帰った後も、もうみんな行きたい人がたくさん？
T：はい、沖縄まで連れて行ったんですよ。ハウステンボスとか。
S：すごいね。阿蘇山も行った。鳥栖、福岡、いろいろ連れて行ったんです。

確かに、雇用主を「お父さん」と呼ぶ親子関係のような実習生と雇用主の関係は、実習生にとっては良い受け入れ先であるのかもしれない。実習生の雇用主に対するイメージは、「優しい」のである。だが、それは、雇用関係という権力関係を背景に、アジアの家父長制といった伝統的価値観に基づく「権威主義」的な関係ではないだろうか。以前、熊本県内の縫製工場の経営者が中国人実習生への残業代未払いで問題になった際も、メディアのインタビューに答えた映像で、初老の経営者の男性が実習生に対し、やはり自分を「お父さん」と呼ばせていただけでなく、子どもを相手にするかのように、「お父さんは困るんだよ」と、他称を一人称として用いていた。

アジアの人々に対し、自らを家長と称する日本人の意識には、後進国の相手に教えてやるのだという権威者を自負する眼差しが存在する。その眼差しは、かつて日本占領下のインドネシアにおいて、日本が自らを「兄」、インドネシアの住民を「弟たち」と呼んでいた（倉沢 2002）時と変わらないのではないだろうか。その眼差しには、相手を劣った者、遅れた者と見なす植民地主義の意識と、アジアの家父長制を背景に「アジアは一つ」と謳う日本の帝国主義が存在していた。アジアの人々による実習制度は、継続する日本とアジアの歴史的な関係と双方の意識を含みながら、表面上は経済的な関係だけが強調され、推進されている。

Tさんが日本人雇用主に求める「お父さん」の優しさとは、自分を庇護してくれる許容量（経済力を含めて）の大きさであり、雇用主もまた庇護を求める従順なベトナム人を求めている。結果として彼女と雇用主の間には常に支配と従属の関係が存在することになる。実習生を雇う多くの企業経営者が口にする「ウィン・ウィンの関係」には、大きな誤解がある。両者の関係を成立させているのはベトナムと日本の経済格差であり、日本人より安い給料の労働力を合法化するシステムである。両者のウィンの大きさが、そもそも全く異なっている。それだけでなく、経済的な権力関係による支配と従属の関係は、かつての植民地主義の意識を基底に含むものであり、ポストコロニアルな関係と言えるであろう。

権威主義が引き起こす摩擦の一つに、男性雇用主によるベトナム人の女性実習生に対するハラスメントがある。問題を起こす雇用主の意識にあるのは、ベトナムと日本の間に存在する歴史的な従属関係と、日本に根強く残る東南アジアに対する差別意識、そして、日本人の東南アジア女性に対する偏見である。Tさんとその元雇用主の関係は良好な親子関係であるのだが、通常の雇用関係を超えたものであり、同じことが日本人の若い女性従業員の場合に成立するとは考えにくい。

T：今日にも私のアパートに遊びに来ました。
S：え？　遊びに来ました？　オーナーが○○から来たんですか？
T：はい。（S：へえ。）炊飯器とか電子辞書も買ってくれた。
S：あ、ほんと、へえ。

元雇用主にとって、清楚で従順なTさんは、娘や孫のように思えているのかもしれないが、実はアジアの女性に対する日本人男性の偏見の中でも、特にベトナム人女性は清楚で従順であると思う人が多く、大学生の回答にも「ベトナムの女性はきれいだ」という記述が見られた。アジアの女性をめぐる清楚で従順といったイメージは、女性雑誌を分析した岡田（2003）においてステレオタイプなアジア女性像と評されている。

『non-no』の元編集者の一人が語ってくれたところによれば、美という観点からの日本とアジアの「近さ」は、「体系的なコンプレックスを刺激されない」安心感を読者に与えているのではないか、という。そして、この安心感は、ジェンダー的に見れば、先に述べたウーロン茶のCFに出てくるイメージが、「明らかに日本人男性にとっての願望を反映」したものであり、「清楚無垢で健気、芯は強くともおとなしく、もの静か、従順で恥じらいがあり、というような懐古趣味的なイメージ」(坂元 1998: 79) のアジア女性というステレオタイプを形成してもいる。

(岡田章子 2003: 87)

以前筆者は拙著 (2018) において、台湾人の女子留学生が日本の高齢の男性からのセクハラに遭いやすいことを述べたが、ベトナム人の女性もまた同様の扱いを受けやすく、雇用関係という縛りのために問題を表面化させないことが多い。

職場での階層構造、ポストコロニアリズムの意識による「権威主義」は、ベトナム人の日本イメージを形成する主要な表象の一つと考えられる。その裏面には日本人のベトナム人に対する「従順さ」というイメージがある。権威主義は時として暴力や暴言、ハラスメントといった攻撃性を生み、実習生への調査でも報告されているが、権威主義の怖さは従属する者の意識への強い影響力であると思われる。筆者が調査を始めた当初から気になっていた、ベトナム人実習生が日本人との関係について受動的な表現を多用することは、彼らもまた無意識のうちに権威主義的な思考に染まっていることを意味する。以下の例では実習生が自分たちの私的な問題で「日本人が嫌いにならないように気を付けた」と述べているが、権威者の顔色を気にしなければならない受動的な立場にいる意識を感じさせる。

【技能実習制度の成果と評価】（事例V8、Hさん、二七歳、女性、縫製会社で実習、二〇一五年二月）

生活について。不自由を感じた時は、ベトナム人同士のけんかの時で、内容は部屋の片付け方など日常的な仔細なことであった。ほとんど自分たちで解決した。ベトナム人を日本人が嫌いにならないように気を付けた。

（（独）労働政策研究・研修機構 2016: 120-121）

本章の最後に、対日意識を調査することと権威主義の関係について述べておきたい。調査の難しさもまた、実習生と日本人雇用主の意識を反映している。

来日三か月以内の熊本市内実習生受け入れ機関で研修中に行った調査では、日本人に対するイメージを数値化する質問に対し全て最高値を付けた実習生が八二人中三四人もいた。来日して間もない希望に満ちた時期であり、何よりこれから企業に配属される前に監理会社で行ったこともあり、日本人に対する悪い評価を与えることは避けたようである。実習生のこうした敏感な反応は、明確な数字には現れにくい。たとえば、ほとんどの項目は＋３なのに一項目だけ＋２にしているというような場合、その項目に関してはマイナスと考えているということを意味する可能性も高いが、分析が難しい。

今回の熊本市内の調査でわかったのは、実習生に対する調査に協力的な雇用主でさえ、調査者が雇用主のいない所で実習生と接触することには消極的であるということである。第３章「不可視の存在」でも述べたように、最近ではメディアで実習生の労働環境や待遇の悪さなどが取り上げられ問題視されることも多いことから、雇用主も非常に敏感になっており、こうした調査は雇用主にとって歓迎されるものではない。実習生に対する調査の難しさは、実習生たちの存在を一層不可視にしている。

さらに、調査を行う場所や方法も、調査の回答に大きな影響を与える。工場や農家など実習生の職場や、雇用主の日本人が近くにいる場所で調査を行うと、実習生は日本人に批判的なことは言いにくいはずである。その点からも、実習生に対するオンラインの調査は、今後有効な調査方法であろうと思われる。たとえば、今回「来日六か月－三年」の実習生を対象としたオンラインの調査では、比較的自由に日本人への意見を述べている回答も見られた。また、熊本県のように実習生が各地に散在している地域では、オンラインによる調査は今後有効な方法となると思われる。ほかに、実習生へのサポート体制についても、ベトナム人、フィリピン人のようにＳＮＳのコミュニティの繋がりが強い場合には、ＳＮＳを利用したサポートも有効であると考えられ、現在日本人大学生を中心としたサポート・システムを試みている[10]。

注

1　首相官邸ＨＰより二〇二〇年一二月二四日閲覧。

2　Christian-Smith.L.K.（1991）は、英国の Year Abroad プログラム（英国の高等教育において言語を学ぶ全ての学生に要求され学習言語の国で一学年を過ごすもの）に参加した学生について留学中と一〇年後の長期にわたる影響をインタビューとナラティヴにより調査した。データは一〇年間のインターカルチュラル・コンピテンスの発達について分析され、このプログラムが役に立ったという被験者の中で最も大きいのは第三次社会化の経験であり、個人的及び職業的な生涯に影響を与えていることを指摘している。

3　独立行政法人労働政策研究・研修機構 2016。厚生労働省「平成二九年度帰国技能実習生フォローアップ調査（概要）」厚生労働省ＨＰ、二〇二〇年一二月三〇日閲覧。

4 津田保行「日本語教師の資格と日本語教育の標準の策定について――文化審議会国語分科会日本語教育小委員会の審議状況」全国日本語教師養成協議会『第一八回公開講座実施報告書』2020: 13-34

5 日本語能力試験N4・N5は、N5が最も初級のレベル。

6 親和性（Sociability）は「あたたかい／つめたい、親切／不親切、偏見がない／偏見がある」、勤勉性（Diligence）は「競争心が強い／競争心が弱い、勤勉／怠け者、勉強好き／遊び好き」、信頼性（Reliability）は「正直／不正直、責任感が強い／責任感が弱い、信頼できる／信頼できない」、先進性（Modernity）は「考えが新しい／考えが古い、男女平等／男女不平等、開放的／閉鎖的」のそれぞれ三つの項目から成る。

7 『東京文化発信プロジェクト・東京アートミーティング・第4回「うさぎスマッシュ―世界に触れる方法」』二〇一三年八月、東京現代美術館。

8 Visual Documentary Project（VDP）は映像を通して東南アジア地域の現状を捉え、多角的議論を深める場を提供することを目的として二〇一二年度に開始した。東南アジアに関する従来の学術研究の蓄積・成果を補完し、日本及び東南アジアの若手フィルムメーカーと地域研究者の架け橋を目指す。毎年異なるテーマで短編ドキュメンタリー作品を募集し一般に上映して監督・市民・地域研究者が交流を行っている。これまでのテーマは「日常生活のポリティクス」「東南アジアの都市生活」「東南アジアとポピュラーカルチャー！」等。（VDP・HPより抜粋、二〇二〇年九月一日閲覧）

9 心理学における「権威主義的パーソナリティ」の特徴は高野・高・野村（二〇二〇）による。

10 「外国人散在地域における技能実習生の言語環境と大学生による派遣型学習支援の試み」（研究代表者、塩入すみ）JSPS 課題番号 20K13097

第5章　イメージとしてのベトナム

現代のベトナムの女性は、この二つの状態（先進的な女性と後進的な女性）のどちらでもない。華奢で、いつも痩せていて、簡素な外見の女性たちは、外国の人々には、葦を思い起こさせるようである。この熱帯に昔から非常に多くあるありふれた草である。「あなた方はしなやかな葦のようだ」。これは、一九六八年にベトナムの女性運動を研究するために訪ねてきたときの、国際民主女性連盟の総書記の評価である。しかしすぐに続けた第二の意見で、この世界の民主的な女性運動を十分に評価した。「しかしその葦は鋼鉄でできている！」

（レ・ティ・ニャム・トゥエット 2010: 248-249）

この章では、日本人の外国に対するイメージ、日本人大学生のベトナム・イメージ、そして日本のメディアにおけるベトナムの記述を取り上げ、そこにオリエンタリズムの眼差しの存在を指摘し、さらに、日本人のベトナムに対する表象として「オリエンタル・アジア」「フレンチ・コロニアル」を取り上げて論じる。

大学生の外国人イメージ

二〇二〇年六月、コロナ禍の大学のオンライン授業で、皮肉なことに、異文化接触について話をしていた。異文化と直接接触する機会の失われた状況で、人々の外国や外国人への想像は、通常より一層メディアやSNSの情報に塗れているように思える。ステレオタイプについて話をした際、学生たちに「〇〇人は、……。」という文を、日本人、中国人、韓国人、アメリカ人、それぞれについて書かせた。学生たちの記述にはいくつか傾向があった。

まず、日本人については集団主義、男尊女卑、自分の意見が明確でないなど、いわゆる日本人論で目にする、外国人が見た日本人の否定的なイメージが目立った。肯定的なイメージでは、「勤勉」「真面目」「思いやり」「謙虚」等の記述が多く見られた。次に、中国人については、「自己中心的」「マナーが悪い」「商品の盗用」など、倫理観に関する否定的なイメージ、韓国人については、「日本を嫌っている」という日韓の歴史的・政治的関係を反映したイメージと、K-POPなどの大衆文化のイメージが挙げられていた。また、アメリカ人については、「自由」「明るい」「自分の意見が明確である」といった性格や行動面についての肯定的なイメージと、「肥満の人が多い」「銃を持っている」といった外見的なイメージや、社会情勢を映すメディアの映像（ちょうどその頃、大統領選挙で対立陣営の人々が銃を携帯する映像が頻繁に報道された）を反映する記述もあった。続けて、学生たちにその理由を尋ねたところ、テレビや映画等のメディアで知ったという回答がほとんどであったが、最近街で見かける中国人観光客のイメージ、幼少期に中国に住んだ経験、中高生の頃のＡＬＴ（外国語指導助手）や英会話教師のアメリカ人のイメージ、アメリカへの留学経験からという学生もいた。

一人の回答で日本人の自己イメージと外国人に対するイメージを比較してみると、「日本人はＡだが、アメリカ人はＡではない」といった記述が多かった。たとえば、自己主張の明確さにおいて、日本人とアメリカ人（学生Ａ・Ｂ）、日本人と中国人（学生Ｃ・Ｄ）、日本人と韓国人（学生Ｅ）を比べ、それぞれ対照的に述べる回答が多く見られた。特に自己主張の明確さという点においては、どの外国人と比べても、やや否定的な自己イメージをもつ傾向があった。

【学生Ａ】

・日本人は、気が静かで自分の意見をはっきり言えない。
・中国人は、毎年日本のショッピングモールに爆買いしに来る。
・韓国人は、毎日辛いものを食べる。
・アメリカ人は、自分の意見をはっきり言う。

【学生Ｂ】

・日本人は、直接本音をあまり言えない奥ゆかしい性質の持ち主。
・中国人は、意地っ張りで頑固な性格の人が多い。
・韓国人は、熱しやすく冷めやすい。
・アメリカ人は、本音を言い合うことが基本だという性質の持ち主。

【学生C】・日本人は、曖昧な表現で会話をしたり自己主張したりする。
・中国人は、ズバッと自分の主張をはっきり言う。
・韓国人は、恋人とのスキンシップが人前でも普通である。
・アメリカ人は、家族や友人と過ごす時間が多く人付き合いを大切にする。

【学生D】
・日本人は人に流される。
・中国人ははっきり主張する。
・韓国人は初対面から優しい。
・アメリカ人はフレンドリー。

【学生E】
・日本人は親切で、相手のことを考えすぎてはっきりと物を言うことができない。
・中国人は、マイペースに行動する人が多く自由。
・韓国人は、はっきりものを言う、勉強をすごく頑張る。
・アメリカ人は、明るくてポジティブ。

一方、時間やルールの遵守、清潔感といった規範意識については、日本人と中国人を対照的に述べる回答が多く見られた。規範意識という点において、中国人は否定的なイメージであることが多く（学生F、G、H）、日本人の規範意識の強さと対照されている。また、アメリカ人は「人付き合いが良い」

（学生C）、「フレンドリー」（学生D・G）、「明るい」（学生E）というイメージは、他の国の人にはあまり見られず、特徴的なイメージとなっている。

【学生F】
・日本人は勤勉。
・中国人はマナーが悪い。
・韓国人は整形ばっかり。
・アメリカ人は肥満が多い。

【学生G】
・日本人は時間を守り、ルールに厳しい。
・中国人は他の国の物をすぐに真似する。
・韓国人は自国が大好き。
・アメリカ人はとても明るく、フレンドリー。

【学生H】
・日本人は、相手を立てて自分を下げるという謙遜の心があることや清潔感を大切にすること。思いやりがある人が多い。
・中国人は、日本に来て爆買いしてくれる。よくニュースやテレビで中国が日本のキャラクターを真似してキャラクターをつくっていることが取り上げられる。

・韓国人は、最近は日韓関係の悪化により、日本が嫌いな人も多いかもしれない。しかし、韓国のメイクやアイドルなどが日本でも人気で文化的交流が盛んである。
・アメリカ人は、ハンバーガーやコーラをたくさん食べて、肥満体型の人が多い。いろんな人種が集まっている。自分の意見はしっかりと言いそうなイメージ。

日本人にとって外国人のイメージは、二つの意味で、日本人の自己イメージの反映であると言えるのではないだろうか。まず、「日本人は本音を言わないが、アメリカ人は本音を言い合うことが基本だ」（学生B）というように、日本人のイメージはしばしば外国人と対極的に捉えられるということがある。逆に、日本人の自己イメージは、外国人に日本人がどう見られているかを意識したイメージであることが多く、その外国人とは漠然とした欧米人であると考えられる。なぜなら、学生が日本人イメージとして挙げた評価基準は、集団主義、男尊女卑といった社会通念であり、その対極である個人主義、男女平等を掲げる欧米人から見て、批判されるべき価値基準に基づくものだからである。

外国人のイメージが日本人の自己イメージの反映であるというもう一つの意味は、近代以降の日本人の意識下にある、欧米—日本—アジアという階層が、諸外国に対してステレオタイプとも言うべきイメージを付与しているということである。欧米の社会・文化的な規範を評価基準とし、欧米に対しては肯定的な評価、日本に対しては否定的な評価を与える。その一方でアジア諸国との比較に当たっては、先進性を含意する規範意識（清潔感・時間や法律の遵守・盗用の禁止等）を評価基準とし、アジア諸国に対しては否定的な評価、日本に対しては肯定的な評価を与える傾向が指摘できる。

このような意識の階層構造を姜（1988）は「日本的オリエンタリズム」と呼ぶ。日本的オリエンタリズムの階層、すなわち日本人の世界観において、近隣諸国である中国、韓国はもちろん、ベトナム、タイ、インドネシアなどの東南アジア諸国もまた、同じ階層構造の中に位置付けられている。おそらくは、欧米－日本－東アジア－東南アジアというように、アジアの中は更に序列化されているはずである。韓国や台湾など東アジア諸国でも、ベトナム、フィリピン、インドネシアの人々は低賃金労働者として働いているが、そこにもやはり「〇〇的オリエンタリズム」が存在するはずである。オリエンタリズムの特徴は、その入れ子型とも言える階層構造であり、被抑圧者は容易に抑圧者となるということである。また、不思議なことに、階層構造の意識は世代が変わっても継続される。

大学生たちの外国人イメージがどう形成されているかについて参考となる調査がある。相良（2004）は小学生、中学生、高校生に調査を行い、どの学年においても欧米の国は「自由な」「明るい」といった肯定的なイメージが強く、アフガニスタン、イラク、北朝鮮は「暗い」「危険な」というイメージが強いことを明らかにしている。発達的な変化では、小学生の漠然としたイメージから、学年が上がるにつれイメージが明確化するとともに均一化すると指摘している。特に欧米に対する肯定的イメージがどの学年においても強い原因については、小学生の段階ですでに欧米イメージが肯定的で、また、教科書で多く取り上げられる韓国や中国については子どもの関心が薄いことから、情報が多いから肯定的になるというより、「もともと肯定的なイメージをもっているために情報を取り入れようとする」のではないかと推察し、さらに幼少期から接するメディアや絵本、ビデオ、ゲームなどにおける欧米イメージの影響や、渡航経験の増加、英語の授業への参加などの影響を指摘している。

このように、大学生たちの外国人イメージは幼少の頃からメディアなどを通じ、欧米についての肯定的イメージが形成されていると考えられる。では、アジアに対するイメージはどのように形成されるのであろうか。中国、韓国、台湾といった東アジア諸国については、メディアからの情報だけでなく実際に接して情報を得る機会も多く、そのイメージの形成要因は多岐にわたると考えられるが、ベトナムなど東南アジア諸国についてのイメージ形成は、メディアの影響がより大きいと考えられる。

日本人は誰を見ているのか

大学生たちのもつ外国人イメージについて概観したところで、次に、日本人全体のもつ対外意識についての調査を見てみる。これには、公的な外交に関わる調査、民間の消費に関係する好感度調査など、目的に応じて様々なものが存在する。公的なもので比較的利用されるものには、諸外国への親近感や外交関係の重要性を問う内閣府の世論調査「外交に関する世論調査[1]」(2020)がある。また、イメージの形成要因に着目した調査もある。メディア・コミュニケーション研究の分野では、メディア接触が外国・外国人イメージにどう影響するかを調査した渋谷他(2011)がそれである。

日本の対外意識を問う様々な調査を見る際に本書で問題にしたいのは、調査対象国の選択理由である。調査者は果たしてどのような基準で「外国」を選んでいるのだろうか。それは、日本が「外国」としてどの国を意識し、誰を見ているのかという問題を反映していると考えられる。

前述の内閣府の「外交に関する世論調査」は、日本の国としての外交姿勢を反映するが、その国の外交姿勢が個人の対外意識にも影響していることを示してもいる。一九九七年の同調査で挙げられている国は、アメリカ（合衆国）、ロシア、中国、韓国、ＥＵ諸国（フランス、ドイツ、イギリスなど）、アセアン諸国（タイ、インドネシアなど）、南西アジア諸国（インド、パキスタンなど）の七つの国・地域で、日本人が「親しみを感じる」国・地域は上位から順に、アメリカ（三四・一％）、ＥＵ諸国（一一・三％）、中国（九・三％）、アセアン諸国（七・八％）となっている。約二〇年経過した二〇一九年の同調査では、対象となる国・地域として中央アジア・コーカサス諸国、北朝鮮が新たに加わっているが、これも日本の外交情勢の変化を反映している。一九年の同調査で「親しみを感じる」国・地域は、アメリカ（三八・三％）、中国（二二・七％）、ヨーロッパ諸国（一八・八％）、東南アジア諸国（一六・二％）で、九七年の数字と比較すると、アメリカに対する顕著な親近感は変わらない一方で、中国及び東南アジア諸国の数字がそれぞれ大幅に増え（中国は九・三％から二二・七％、アセアン諸国・東南アジア諸国は七・八％から一六・二％）、この二〇年間に日本と中国、東南アジアとの外交関係がより密接になったことを示している。また、地理的距離の遠さにもかかわらず、ヨーロッパ諸国に対しては東南アジア諸国より親しみをもっていることがわかる。

一方、対外意識の形成をメディアとの関わりから調査した渋谷他（2011）は、外国・外国人イメージと、テレビ、映画などのメディアとの接触を通した間接経験、外国出身者との接触や海外滞在などの直接体験との関連性を考察したもので、音楽やスポーツ番組への接触ではその国の人たちが好意的に受け止められるなど、ソフト・パワーの影響力や異文化経験の質が外国人イメージに大きく影響すること、長期滞在などの直接体験が諸外国への肯定的なイメージに繋がることを指摘している。この調査は対外イメージに対するメディアの影響力の大きさを示すと同時に、直接的な異文化経験の重要さをも示している。この調査での日本人のもつ外国イメージは、アメリカは「自由な」（六六・八%）「先進的な」（六〇・四%）、「強い」（五九・三%）、中国は「歴史が古い」（六五・五%）、「伝統的」（三七・五%）、フランスは「おしゃれ」（六八・六%）などが上位となった。ただし、東南アジア諸国は対象となっていない。これは、日本のメディアにおいて東南アジア諸国に関連した番組や報道が少ないことの反映であると思われる。日本における外国報道関連の分析によると、アメリカ、中国、韓国の報道量が、テレビ、新聞ともに多い点が確認されている（萩原 2007）。

また、同調査における日本自身についてのイメージの自己評価は、「安全な」（七〇・〇%）「信頼できる」（四八・六%）「伝統的」（四七・〇%）「先進的な」（三七・三%）「豊かな」（三五・七%）といった肯定的イメージが強かった。特に「安全な」というイメージについて、日本人は「治安」を想定していると考えられ、実際、「治安に関する世論調査の概要」（内閣府 2017[2]）では「日本は治安が良く安全で安心して暮らせる国である」と回答した人は八〇・二%となっている。しかしながら、後述するように、二〇一一年の東日本大震災やその後の災害などの頻発を受け、ベトナムをはじめ諸外国から見た日本の安全性についてのイメージは現在ではかなり変化している。

以上の二つの調査から、日本人のもつ外国・外国人イメージについては、アメリカに対して「親しみを感じる」人の割合が圧倒的に多いこと、遠く離れた欧米の方が近隣であるアジア諸国より「親しみを感じる」傾向があるということから、日本人の対外意識における欧米偏重の傾向が指摘できる。このことは、現在の日本人の対外意識がいまだに日本の近代化における政策と意識の延長線上にあることを示すと同時に、国の外交政策、社会情勢、メディアが個人の対外意識に大きく影響することを示している。

アジア・イメージと差異化

日本人のもつ外国・外国人イメージは、欧米諸国とアジア諸国との間に大きな違いが存在する。一度もアメリカに行ったことがなくても、アメリカやヨーロッパの国の方に「親しみを感じる」という日本人が多いのはなぜだろうか。そして、欧米諸国には「先進的」「おしゃれ」といったイメージ、中国には「伝統的」といったイメージがあるのはなぜだろうか。一つの原因は、相良（2004）が指摘したように、幼少期からのメディアによるイメージ形成である。

日本人のもつアジア・イメージのうち、中国（人）・韓国（人）については比較的調査が行われている（原・塩田 2000, 萩原 2007）が、それ以外の国民や民族、国のイメージについては近年の調査が少ない（大坪 2007）。見城（2004）は、大学生にアジア・イメージを自由記述で回答させたところ、近年の海外旅行普及のためか、回答には具体的な風土、産物などが挙げられ、イメージはより具体化するとともに、海外旅行のガイドブックで紹介される風景、民芸品、料理が、その国の画一的な表象となっていることを指摘している。

今やアジア諸国は多くの日本人にとって手軽な海外旅行であり、その地を代表する風物や料理などが具体的なイメージとして浮かぶのだろう。タイであれば仏塔や象やトムヤムクン、ベトナムであれば民族衣装のアオザイ、人々がかぶる「ノン」と呼ばれる笠、町を行き交うバイクの群やシクロ、民族料理のフォーなどである。旅行ガイドブック等で紹介されているような風景や民芸品や料理が広く知られるようになり、その国のステレオタイプ的表象となっている。

（大坪 2007: 131）

アジア・イメージにおけるステレオタイプ的表象は、メディアにおいて繰り返し強調され続け、後述するように、現在の日本人大学生のベトナム・イメージにおいて、アオザイ、ベトナム料理、民芸品は代表的で画一的な表象となっている。だが、これらの観光客向けのエキゾチックな消費文化の表象としてのアジア・イメージの基底には、アジアを「後進的」と見る日本人の潜在的な意識があり、その意識はメディアを通じて拡散し続けている。大坪（2007）は、二〇〇四年の鳥インフルエンザ発生に関するテレビニュースを分析し、アジア・イメージがいかに強調されていたかを明らかにしている。それによれば、ベトナムについてのニュースでは、ナレーションの内容（ベトナム政府がアメリカの疾病対策センターなど外国の研究機関から専門家を招き、対策を検討する）とは無関係な、市場で生きたまま売買される鶏の映像や、少年が裸足で消毒作業を行う様子など、野蛮で後進的なイメージを強調する映像が多数使用され、日本との差異化が図られていたという。大坪はこうした差異化のための多数の映像が「日本とベトナムを切り離すことに貢献し、死者も出たベトナムでの出来事をどこか他人事と思わせる効果をもたらしたのではないか」と述べている。

アジア・イメージにおけるエキゾチックな消費文化と野蛮な後進性とは、いずれも日本との差異化を図るという共通の意識を含んでいる。日本との差異化とは日本的オリエンタリズムに他ならない。

二〇二〇年、北関東で起きた豚や鶏の盗難事件のテレビ報道で、夜中に豚を運び出す男たちの姿を映し出す防犯カメラの映像が繰り返し流れた。男たちは上半身裸、短パン、サンダルか裸足で、ひどく痩せていた。男たちの姿は、「ベトナムの市場で少年が裸足で作業を行う様子」と、不思議にオーバー・ラップしていた。しばらくしてベトナム人の不法滞在者たちが逮捕され、後に不起訴処分となった。同じ頃、埼玉県で不法残留のベトナム人がアパート浴室で豚を無許可で解体した容疑で逮捕された。豚の血の付着した浴室の映像が繰り返し流れた。豚を運び出す男たちの姿、豚の血の付着した浴室の映像は、多くの日本人のイメージに、野蛮なベトナム・イメージを定着させてしまった。しばらくして、都内でベトナム人の職探しやアパート探しが困難になっているという報道が流れた。同じ年の一一月、熊本県芦北町で実習生のベトナム人女性が生後間もない双子を遺棄した疑いで逮捕された。ニュースはすぐにSNSのベトナム人たちの間でも話題になった。

熊本の実習生L：私はベトナム人があらゆる物を盗むというニュースを見たばかりなのに今日またこのニュースを見た。私のいる地方で二一歳の友人が赤ちゃんを産んだ。こんなふうに赤ちゃんを捨てるなんて。男の子の丈夫な双子だ。なんていやなことだ。

来日前の実習生T：本当に恥ずかしい。みんなの生活に影響する。これから仕事に日本に行く準備をしているのに。ベトナムという国の評判に影響する。

（二〇二〇年一一月、Facebookより）

ベトナム人による犯罪のニュースは日本社会に強いイメージを残したが、このことはベトナム人の日本人イメージにも影響する。第4章ではホーチミン市での調査においてベトナム人がもつ日本人イメージのうち、「ベトナム人を差別する」というイメージが顕著であったことを述べた。今回の犯罪報道により日本人のベトナム人に対する差別意識が一層強くなるであろうことを多くの実習生は恐れ、その結果として、ベトナム人の日本人イメージにおける被差別意識はさらに増大するだろう。被差別意識は実際に自分や知人が差別された経験により形成されることはもちろんであるが、同国人の犯罪報道などにより、これから差別を受ける可能性に対する不安や恐怖を伴う意識でもある。

差別意識－被差別意識は、日本人とベトナム人の間で双方の顔を見ながら自分は相手にどう思われているのかという双方の自己意識である。このような相互イメージの相乗効果的な形成のプロセスは、日本人と韓国人の間の嫌韓、韓流、反日といった相互のイメージの増幅や、日本人と台湾人の間の親日、親台といった相互イメージの再生産にも見られるもので、その基底にあるのは、差別する者―差別される者という日本とアジア、そして日本と欧米の間にもある二項対立の差異化の意識である。

二項対立の心象地理

日本人とアジア諸国の人々の間にある二項対立の意識に説明を与えてくれるのは、ポストコロニアル理論におけるオリエンタリズムという認識のあり方である。オリエンタリズムにおける認識のあり方には、二項対立、あるいは二律背反の「心象地理」(imaginative geographies) が存在する。サイード

(1978=1986) によれば、西洋と東洋の間の差異化は紀元前五世紀にギリシア悲劇の戯曲などにおいて既に見られるが、そこではアジアはヨーロッパの想像力を媒介とし、声を与えられる受動的な存在である。また、ヨーロッパは強く明晰であり、別世界としてのアジアに対し、勝利を収める者として描かれている。一方、アジアは「空漠観」「喪失感」「災禍」「悲嘆」「神秘的」「凶暴」といった否定的な感覚に結び付けられている。東洋と西洋を分ける二つの側面―声を与える者／与えられる者というヘゲモニーの差異、強く明晰な者／凶暴で悲嘆にくれた敗者というイメージの差異―が、現在に至るまで「ヨーロッパの心象地理の本質的モティーフとして、連綿と受け継がれていく」(サイード 1978=1986: 57)。

姜 (2004) はサイードの指摘するオリエンタリズムにおける二項対立の心象地理を、近代日本のオリエンタリズムにも見出している。それによれば、近代日本の対外観の大きな特徴は、「古い侮辱的・攘夷的な西洋観」を克服しようとすると共に、「旧態依然たる近隣アジア諸国から日本を区別しようとする自意識」が強化されたことであるという。また、見る者 (男・植民者・帝国) ／見られる者 (女・蕃国) という二項対立の関係もまた、植民地を正当化する心象地理であると指摘し、日本的オリエンタリズムの基礎となる認識のあり方には、二項対立的な心象地理が存在することを指摘している。

本来オリエンタリズムは、新しい文化と接触する際に人がどのようにその他者をイメージするかという、未知のものに対する認識や意識のあり方であるとも言える。他者に対して自分との違いを意識すると同時に、他者を理解するために情報を集め、可能な限り想像力を働かせる。とすれば、オリエンタリズムの問題は異文化が接触する際に常に起こり得る認識の問題とも言える。サイードが「心象地理」という言葉を用いているように、異文化の認識としてのオリエンタリズムは、地理的・空間的な認識の問題として捉えることもできる。

ルフェーヴル（1974=2000）は、オリエンタリズムにおける異文化認識の二項対立を空間の場合に置き換えることで、商業化によるポストコロニアルなグローバリゼーションについて地理的・空間論的な説明を行っている。すなわち、「消費の空間」（市場の空間・生産の空間）にいる人々が消費の空間を離れる時、「空間の消費」（不生産的消費、観光旅行や余暇・消費する空間）に向かう。空間がこのように消費価値を付与されることを、ルフェーヴルは「新資本主義と新帝国主義が支配された空間を共有する」と評している。後述するように、ベトナムをはじめ、かつて「秘境」と呼ばれた地域が「リゾート」として生まれ変わるのは、新資本主義と新帝国主義とが共存する空間においては容易なことであった。そして、この消費の空間は空間の消費と連続しており、人材と物資の移動により国境すら超えつつある。「消費の空間」が東京を代表とする日本という市場ならば、日本の人々はベトナムというリゾート空間における消費へと向かうことになる。

ベトナムの人々は都市を目指して労働を求め消費の空間に移動し、日本の人々はリゾートを求めベトナムに向かう。循環が繰り返されるうちに空間の連続性が強調され、国家の境界が希薄化し、脱領土化の状態が生まれる。空間は移動者たちによる、混沌としたディアスポラの空間となる。だが、それで二項対立の心象地理は解消されるのだろうか。

大学生のベトナム・イメージ

インターネット、SNSの普及、そして二〇二〇年の新型コロナウイルスの世界的流行は、人と人の接し方、すなわちコミュニケーションの方式に重大な変化をもたらした。どの国においても、対外意識の形成におけるメディアによる情報の比重は、ますます増加している。テレビの報道番組、新聞・雑誌の記事といったマスメディアから、ネット広告やブログ、個人のSNSに至るまで、多くの人の対外意識は幼い頃からメディアの影響を強く受けて形成されるが、そのイメージは以前と変わったのだろうか。

三年前にベトナムに調査に行った後、大学一年生の講義でベトナムについての話をする機会があり、百人ほどの学生たちにベトナムに行ったことがあるか尋ねたところ、数名の学生が手を挙げた。そのうち一人の女子学生にその時の印象を尋ねた。

筆者「ベトナムはどうでしたか」

学生「クサカッタデス」

一瞬その日本語の意味が理解できなかった。「クサイ」は「汚い」より生理的な嫌悪感や侮蔑を含む響きがあり、子ども同士のいじめでの言動を彷彿とさせる。何の躊躇も言いよどみもなく、はっきりと他者の文化を「クサカッタ」と言い切る感覚が理解できなかった。現在の大学生たちはかつてより頻繁に海外に行く機会もあり、ここ数年ベトナムは若い女性の観光客で賑わっていたはずだが、若者たちはベトナムに何を求め、どのようなイメージを形成しているのだろうか。以下では、現在の日本人大学生の対ベトナム意識を概観した後、メディアに見られる対ベトナム・イメージについて、一九七〇年代から年代を追って見ていくこととする。

二〇二〇年九月、コロナでオンラインとなった授業で、外国語学部一年生の受講生たちにベトナムのイメージを自由に記述させた。以下にその一部を掲載する。

【学生①】高校生の時アオザイを実際に文化祭でクラスの子たちと着た。とても可愛らしく布が繊細であった。また、普段から春巻きやフォーを食べるとき母がこれはベトナム料理だよと幼い頃よく教えてくれていた。また個人のイメージだが、まだ個人の経済レベルの差が大きい国なのではないかと考える。

【学生②】ベトナムは大きな戦争があり、日本軍による虐殺などもあり、壮絶な時代もあったが、現代では日本に技能実習生として多くのベトナム人が来日していて、日本の農業や産業の大きな支えになっていると感じます。また、ベトナム料理は個人的に大好きで、本場の味をいつか食べたいと思っています。

【学生③】私がベトナムに抱いているイメージはベトナム戦争のことと料理がおいしいということです。中学生の頃ベトナム戦争を教科書で知り悲惨な戦争であったことを知るとともに多くの人々が苦しみ、地雷などに苦しんでいる映像を見ました。

【学生④】フォーがおいしそう。アオザイが綺麗でかわいい。ベトナム戦争があった。

【学生⑤】私のベトナムに対するイメージは「被害者」である。私は幼少期に一つの映画を見た。植民地にされた国とその国民の扱いがとても悲惨なものであった。その映画ではベトナム侵略をしている日本兵が登場し一方的にベトナムを蹂躙している日本が映し出されていた。この映画の影響から私はベトナムに対して「被害者」というイメージを持っている。

【学生⑥】チーさん（ベトナムの大学からの交換留学生）ベトナム戦争、アメリカ、フランス。漢字、ローマ字、ベトナム語。

【学生⑦】一番のイメージはベトナム戦争で、後は日本で親しまれている春巻きがベトナム料理であったり、料理がおいしいというイメージがあります。

【学生⑧】ベトナムは、バイクが多く走っている。日本の会社が多く進出している。食べ物が日本人の口に合いやすい。物価が安い。

【学生⑨】バイクや自転車が多く一年中気温が高い。ヘルシーでパクチーを使った料理が多い。

【学生⑩】正直ベトナムの生活に関してはあまりイメージが湧かないが、私はフォーが好きなのでベトナムは食べ物がヘルシーで美味しいというイメージがある。あまり詳しくは分からないが、国をどんどん発達させていくより、昔の外観、伝統を大切にしている感じがした。

【学生⑪】日系企業がたくさん進出してそう。歴史的建造物が多そう。

【学生⑫】物価が安い。屋台。バイクに乗っている人が多い。

【学生⑬】個人的にベトナムに関してはご飯がおいしそうなイメージがある。市場や屋台にはぜひ一度は行ってみたいと思う。また、ベトナムの女性は美人が多いイメージがある。

【学生⑭】ベトナムと聞いて、これといったはっきりしたイメージが思い浮かぶわけではないけれど、何かと小さなところで繋がっているのかなと思っています。日本で働いている海外の方の中にもベトナム出身の人は多い気がします。もう一つは、発展途上国だというイメージです。

【学生⑮】車よりもバイクが多く、街には高層ビルが建っていたり、小さな個人経営の店や屋台があるイメージ。ベトナムの若者は仕事が多い日本に留学したり、技能実習生として日本で学び、日本で就職して家族に仕送りをする人が多いと思う。

八四名の回答者のうち、実際にベトナムに行ったことがある、あるいはベトナム人の友人がいるという学生は、学生⑥・㉘の二人だけであった。学生⑲はコンビニでベトナム人の店員をよく見る、学生⑭は日本で働く人にも多い気がすると述べている。ほとんどの学生はベトナムに行ったことがなくベトナム人の友人もおらず、日本でベトナム人を見かける程度の接触をしているに過ぎない。学生たちの多くは、メディア、教育等の間接的な情報によりベトナム・イメージを形成していると考えられる。教育によるイメージ形成は、数は少ないが印象は強いようである。学生①・③・㉗は学校や親からの教育等を通じてベトナムの文化や歴史を学び、それがイメージに結び付いている。特に学生⑤は、幼い頃に見た映画で日本軍のインドシナ侵攻を知り、ベトナムに対して「被害者」というイメージをもつようになる。

それ以外の多くの学生は、幼い頃から見聞きしてきたメディア等からの情報により、ベトナムのイメージを形成していると考えられる。「バイクの量が多い」「電線いっぱい絡んでる」「アオザイを着た学生が自転車に乗っている」といった視覚的イメージは、おそらくテレビや雑誌等のメディアによりインプットされたものであろう。また、料理についての記述も多かったが、日本国内でエスニック料理が普及し、旅行ブームにより旅行関係のメディアによる情報が増加しているためと考えられる。

また、近年のベトナムの経済的な発展について、日本との関係から捉える記述も多かった。学生②⑮は実習生についての言及があり、また、学生⑭は日本で働く海外の人の中でベトナム人が多いようだと認識している。学生⑪は、日本、あるいはアメリカの企業がベトナムに進出していると述べ、近年のベトナムの経済発展が外資企業に負うところが大きいというイメージを表している。

第4章で、子どもの外国イメージの形成においてメディアや幼少期の経験の影響が大きいことを述べたが、若い世代のベトナム・イメージの形成には、メディアによる影響が大きいと考えられる。次に、これまで日本のメディアにおいて、ベトナムがどのように表象されてきたのかを見ていく。

エコツーリズムとベトナム・イメージ

日本のメディアにおいてベトナムがどのように表象されてきたか、近年の変化を知るために、国立国語研究所「現代書き言葉均衡コーパス小納言」（ＢＣＣＷＪ[3]、以下「少納言」）を用いて、「ベトナム」「ヴェトナム」（以下、「ベトナム」で代表）という文字列について検索すると、この文字列が一九七〇年代から現在に至るまでの間にメディアで言及される機会が急増していることがわかる。対象としたジャンルは新聞、雑誌、書籍、白書、知恵袋、ブログ、法律、国会議事録、広報誌、教科書である。

七〇年代には「ベトナム」という文字列が出現する例はわずか六例（書籍四例、国会議事録一例、外交白書一例）で、うち四件はベトナム戦争に関係する文脈で用いられており、一つは日本の外交政策に関する文章、もう一つは北ベトナム人の気質に言及する文章である。

第一は、今の米国は、世界が思わしい方向に動いていないと考え、孤立感を深めていることである。ベトナム以後のアジアで、いわゆる欧米型デモクラシーの国は日本だけになってしまった。

（深代惇郎『深代惇郎の天声人語』朝日新聞社 1977）

八〇年代になると、「少納言」における「ベトナム」という文字列は、計一七五件に増加する。この件数は文字列の延べ件数を数えているので、実際の書籍等の数は半数ほどと考えて良いが、メディアでのベトナムに関する言及が増えているのは事実である。これまでは戦争に関する文脈で語られることの多かった「ベトナム」も、この頃には現代のベトナムを知るための書籍も登場するようになる。背景には、日本の円高と好景気を背景とした八七年の第三次海外旅行ブーム、テンミリオン計画[4]などがある。海外旅行ブームを反映した『もっと知りたいベトナム』（桜井由躬雄編 1989）は、弘文堂による「もっと知りたい東南アジアシリーズ」の一つで、ベトナムの歴史・経済・政治・文学・宗教・生活・教育等幅広い解説を行っており、本格的なベトナム案内の書となっている。同シリーズはベトナムの他、ラオス・カンボジア・タイ・ミャンマーについても同様の書籍を出版しており、当時旅行先として東南アジアへの関心が高まっていたことが窺がわれる。次の文章はベトナム北部ハロン湾について詳細に歴史と文化を紹介しているが、ハロン湾が当時から「ベトナム松島」と呼ばれ、日本人観光団が好んで訪れていたことを示している。

だいたい、ベトナム人の先祖がヴィエッチ辺りの段丘で稲作を開始していた頃、紀元前千年紀のなかごろ、フィリピン、ボルネオの西海岸、広東省の海岸地帯、ベトナムの北部湾沿岸、中部沿岸、さらにタイ湾沿岸からマレー半島の西海岸にいたる広い地域に、南シナ海漁撈農耕文化とでもいうべき共通の文化が広がっていた。この文化は北部ベトナムではベトナム松島として日本人観光団に愛されるハロン湾を中心に、その対岸、つまり段丘地帯の裾にまで進出している。紅河デルタもかつては漁業民の世界だったのだ。

（前掲書）

次の文章に出てくるベトナム戦争に関わる記述も、著者の視点は歴史や政治の書物におけるそれではない。ダナンという街の歴史をアメリカ軍上陸から現在の発展、さらに四世紀のチャンパ王国に至るまで回顧するが、それは旅人が異国の街を気ままに歩きながら遡る「観光としての歴史」である。

ダナン、かつてはトゥーランとも呼ばれた有名な軍港だ。ベトナム戦争中は第七艦隊のベトナム母港として知られる。六四年、この港へのアメリカ海兵隊上陸がアメリカ軍大量増派の第一陣になったし、七五年三月のダナン解放戦では、海に脱出する人々が船を奪い合い、多くの犠牲がでた。孤児をアメリカに運ぶ飛行機が墜落して大量の死者をだしたのもこの港だ。今はベトナム第三位人口一〇〇万の大都市だし、商業・工業の中心地だ。（中略）たしかにダナンはベトナムには珍しく活気に満ちた、ちょっと猥雑な町だが、港通りの角に瀟洒な美術館がある。チャム美術館である。木立に囲まれた庭園、白い石造りの建物の中に、六世紀頃から一三世紀頃までの見事なチャム－ヒンズー美術が展示されている。碑文資料でチャム人の国チャンパの存在がはっきりするのは四世紀頃からである。（前掲書）

八〇年代には従来の団体旅行中心のマス・ツーリズムを一通り終えた旅行者が、新たにエコツーリズム[5]と称される、環境保護と観光形態の多様化の結び付いた新たな旅を求めるようになり、「秘境」の観光地化が始まる。八〇年代半ばまではベトナムを訪れる一般の観光客はまだそれほどおらず、訪問者は公用や商用などに限られていた。日本の海外旅行市場においてベトナムが目的地となったのは、九〇年代後半からであるという（鈴木 2010）。鈴木によれば、『地球の歩き方』シリーズにベトナムが加わったのは八八年で、「秘境を取り上げ、その魅力を十分に紹介するガイドブック」というテーマによる「フロンティアシリーズ」の一つとして「シリア・ヨルダン篇」、「サハラ・アルジェリア篇」とともにシリーズに加わった。少納言のデータでも九〇年代前半には、ベトナムをアラビアの砂漠やパタゴニア氷河などと共に「秘境」と位置付ける書籍（藤木高嶺『秘境の民の暮らしとこころ』ほるぷ出版 1993）が見られる。

ベトナムのメコン・デルタの農村では、トイレは池の上に設けられている。桟橋を渡るようにして池の中央に出て、低い囲いをまたいで中に入る。二枚の板が渡してあるだけの簡単なトイレで、しゃがんでも上半身はまる見えだ。トイレがあるだけましだと思ったが、下を見て驚いた。水面がさざめきたち、郡がる魚の背びれが見えている。第一弾を落下するやいなや、大争奪戦をくりひろげはじめ、ピチピチとはげしくはねまわる。(中略)食いつかれでもしたらたいへんだ。カ・チャーと呼ばれるライギョの一種などで、農村の人たちはこれらを排泄物で養殖しているが、自分たちは食べないで、街の市場に売るのだという。

(藤木、前掲書)

このような「秘境」をめぐる叙述は、未開、後進の地というイメージを伴うものであったが、その後二〇〇〇年代初めにはエコツーリズムという新たな概念により商業化され、代表的な場所はエクアドル、コスタリカ、オーストラリア、ブラジルなど、エコツーリズム推進国に限定されてくる。貝柄・礒嶌(2005)によれば、『朝日新聞』の連載記事「エコツーリズムのススメ」(二〇〇三年-四年)全四九回で対象となったのは、日本国内の他、ニュージーランド、エクアドル、オーストラリア、ブラジル、マレーシアなどであった。ベトナムは「秘境」ではなくなったのだが、では、観光として何が商品化されたのであろうか。

オリエンタル・アジア

九〇年代になると、少納言における「ベトナム」という文字列は、計五八七件に増加する。日本人にとってベトナムは徐々に身近な国となり、九〇年代後半になって日本人旅行者数が大幅に伸びる。メディアにも、ベトナムの日常生活を楽しむ日本人観光客の旅行記が現れ始める。この頃ベトナムは『地球の歩き方』以外の一般のガイドブックに組み込まれるようになった（鈴木 2010: 170）が、まだそれほど旅の情報がない状態であったようである。

はじめに「ベトナムへ行こう」と団長であるミスター・キョンガが言ったとき、我がほいほい旅団の面々は、皆一様にフクザツな表情をして顔を見合わせた。無理もない。私たちは今までにいろんな国へ行ってきたし、例え行かない国でもいろんな旅の本を読んだり見たりしてきたし、大抵の国のことなら「ああ、知ってる、これこれこういう国ね」って言える（もちろん、多分に偏見だらけだが…）。だが、ベトナムに関しては、まだまだあまり旅の情報がない。あっても大抵「ハッキリ言ってベトナムには何もナイ」なんて書いてある。だから私たちは、フーン、と額にシワを寄せ、「ベトナムねェ」とフクザツそうにうなずき合ったのだ。

（志摩千歳『ほいほい旅団ベトナムへ行く』産業編集センター 1998）

鈴木によれば、九四年にベトナムは『地球の歩き方ベトナム』として通常版に加わるが、それ以前のフロンティアシリーズの巻頭にあった特集記事の多くは巻末の「ベトナム百科」コーナーに移り、替わってベトナム料理が巻頭を飾るようになり、クローズアップされる都市も抗仏戦争の終結地ディエン・ビエン・フーからホーチミンに移ったという。八〇年代までベトナムの主要なイメージを形成していた歴史的知識は、この頃から消費の文化に移行していく。岡田（2003）は九〇年代後半の日本の女性雑誌に表象されるアジアが、それまでのバリ、タイなどのビーチ・リゾートから、東アジアを中心とした消費型都市（香港・台北・ソウル・上海・ホーチミン・ハノイ）に移行したことを指摘している。そこに示される東アジア関連記事のうちベトナムのものを拾うと、以下のようなものがある。

「ドク[6]の国ベトナムが今おもしろい」（『MORE』一九九七年四月）、「ヨーロッパの香り漂うベトナムリゾート」（『CREA』一九九八年五月）、「雑貨に恋して。ベトナム買い物旅行」（『MORE』一九九九年八月）、「秘密のアジア・リゾートベトナム・ニャチャンの休日」（『ELLE』一九九八年九月）、「初めてのベトナム二泊三日買いまくりおしゃれ旅」（『non-no』二〇〇一年一月）、「きちゃいました、ベトナム！」（『MORE』二〇〇一年一〇月）（岡田 2003: 83）

アジアへの旅行はファッションの一部となり、異文化を消費する行動として日本の女性たちに迎え入れられた。これらのタイトルで「ドクの国」という表現は、それまでのベトナムのイメージが主にベトナム戦争に関わるものであり、それが「リゾート」へと変化すること、「買い物旅行」「買いまくり」というタイトルから、消費を中心としたカタログ的内容の記事であることがわかる。

鈴木は「観光地ベトナム」イメージについて、「懐かしい場所」、「東洋のプチ・パリ」といったイメージを挙げ、先進国 - 後進国という眼差しや、オリエンタリズムの意識を指摘している。九〇年代後半にベトナムを訪れた日本人の言説には、そうした潜在的な意識を含むイメージが現れている。

ヴァンさんは私たち六人が同じ会社の社員だと聞いて、てっきりビジネスだと思ったらしく、「ベトナムは海産物が豊富で質が良い。特にするめは大きくておいしくて日本人に人気がある。もし関心があるようなら、紹介するのでぜひ一度見てほしい」と熱心に勧めてきた。皆、豊かになろうとして必死なのだと思う。政治には門外漢の私がこんなこと言うのは旅行者の身勝手というものかもしれないが、ホーチミン・シティを見る限り、ベトナムに社会主義は似合わない、と思う。旧サイゴンには豊かだった頃の資本主義（外国の占領下ではあったが）の土壌が色濃く残っていて、現体制になじまない風土があるのだろう。

（志摩千歳、前掲書）

「皆、豊かになろうとして必死なのだと思う」という視線の根底には、豊かな国の自分が発展途上国の人に対して同情を込めて見下ろすという構図が存在する。そこには近代性のスケールをかざす植民地主義が見え隠れする。「豊かだった頃の資本主義」という表現には、抑圧された被植民地に対する理解など些かも感じられないのみならず、植民地主義に対する郷愁、さらには植民地主義に対する肯定的なニュアンスさえ感じられる。こうした日本人のベトナム・イメージについて、鈴木は岡田（2003）の「三重化するオリエンタリズム」という指摘を引用している。すなわち、西洋人男性によるオリエンタリズムの眼差しを、オリエントである日本の女性が西洋への憧れとコンプレックスを持ちつつ内面化し、さらに文化の同質性を認めながらもその後進性を前提としてアジアの都市を見る「三重化」である。

重層構造の眼差しについて、筆者は拙著（2018）において台湾の学生の例を挙げ、オリエンタリズムの入れ子構造を指摘したことがある。ある台湾の学生は日本人から「台湾ってカラーテレビあるの？」と尋ねられるなど、常に後進国として見られる眼差しを感じながらも、自らが台湾で働くインドネシア人家政婦に送る眼差しもそれと同じであることに気付く。西洋－日本－台湾－東南アジア－…という近代化のスケールによる階層構造は、永遠に入れ子型を繰り返す。

九〇年代のオリエンタルなアジア・イメージの対象となったのは、岡田によれば、東アジアを中心とした消費型都市であり、また、香港、上海、ホーチミンのように西洋人の居住地や植民地の遺跡の残る「コロニアルな」場所が多い。岡田は近年日本の女性雑誌のなかで表象されるこれらの都市が、かつての帝国主義的地図の中に収まっていることを指摘している。帝国主義的地図は、資本主義によりネオ・インペリアルな地図へと塗り替えられたが、その下絵に描かれているのは、紛れもない帝国の眼差し（陳光興 1994）である。オリエンタルなアジア・イメージは、観光というフィルターにより郷愁や美化に結びつくこともあるが、一方では露骨なアジア蔑視の意識と同じ根をもつ。

「ハア、その通りです。ここらあたりは、中国、韓国、タイ、ベトナムに台湾系の、あんまりよくねえ奴らが、いつもあっちこっちで事件のタネを作ってはわれわれに世話を焼かせていますが、あの人は、そういうことが一切ない人で、ほとんど恨みは買うことはない筈ですがね」村松と呼ばれた巡査部長が説明した。

（城戸礼『爆裂スパーク刑事』青樹社 1994）

ここには当時日本に急増するアジア人を一括りにして侮蔑する意識が垣間見える。九〇年代以降急増したアジア人労働者に対するこうした「差別」の意識と、日本人観光客のアジアに対する「懐かしい」「素朴な」といった意識は、いずれも先進性をめぐる差異化という共通する意識から発している。

やがて、「オリエンタル・アジア」としてのベトナム・イメージは、九〇年代後半のファッション雑誌に見られる具体的なテーマである「雑貨」「グッズ」（鈴木 2010）、「ベトナム料理」へと、更に移行していく。

誰の美意識なのか

九〇年代後半から二〇〇〇年代に入り、ベトナムを訪れる日本人旅行客は増加を続け、ベトナム・イメージはより具体化し、商業化も一層進んだ。少納言における「ベトナム」という文字列は、計一四一六件に増加する。インターネットのブログや女性向け雑誌の旅行記や旅行案内では、ベトナムの家具や雑貨が「懐かしい」「素朴」という「オリエンタル・アジア」を意味する形容で歓迎されるようになる。

オリジナル家具は3シリーズ展開していて、昭和初期を思わせる懐かしいテイストも。チェアならファブリックのチョイスしだいで4万円前後で手に入る。ベトナムのオーセンティック社のテーブルウェアも見逃さないで。
（『Hanako』第一四巻四三号、マガジンハウス 2001）

二〇〇〇年初頭のこうした空気の中で、岡田（2003）は、ベトナム雑貨を含む、いわゆるアジアン雑貨についての日本人の眼差しは、日本とアジアとの「近さ」や「懐かしさ」を強調するオリエンタリズム的視点であると指摘する。

サイードが定義したオリエンタリズムとは、「オリエントを支配し再構成し威圧するための西洋の様式」(Said1978=1993: 21) であるが、まぎれもなくアジアに位置する日本において、オリエンタリズム的視点は、アジアの後進性を差異化するとともに、「アジアは一つ」(岡倉天心) といったレトリックで他のアジア地域を同化・統合し、その支配者として自己を特権化する眼差しを含む点に特異性がある。

(岡田 2003)

「懐かしさ」という後進性を含んだイメージの延長線上には、日本人が他のアジアの文化に対し西洋の眼差しで評価するという優越感が横たわっている。日本人観光客による旅行記では、ベトナム人の外貌に対する違和感、タクシー運転手への不信感、市場にある品物に対して「ゆるせない模様」と言い放つ審美眼における優越感、異文化と日本の味覚の差異化を含む「一応挑戦する」という態度など、後進性を差異化する表現が散見する。

乗る前に、行き先と値段の交渉をしていても、降りる時には違う値段になっていたり、違う場所で降ろされたりと、彼らは本当に信用のできない連中だからだ。ベトナムに到着したばかりだった私は、目が大きく浅黒い肌のベトナム人に対する違和感は大きかった。海外の他の土地よりも警戒していた。ホーチミンの街の喧騒に、すっかり飲み込まれ、ベトナムの空気に溶け込めていなかった。

（佐田亜矢『トホホなベトナムのほほんラオス』日本文学館 2005）

ホンモノ、ニセモノ。部外者。キヲツケナサイ。アナタ一、キレイ一。置きもの。ゆるせない模様。ハマグリの山。タニシ…。いろんな豆。「血」の腸づめ。むらさきの赤飯。プラスティックの食器。一応挑戦するお菓子。親切といじわる。（なかがわみどり・ムラマツエリコ『ベトナムぐるぐる』角川出版 2005）

この頃になると、こうした後進性を含んだ表象の一方で、「おしゃれ」で「洗練された」ベトナム料理やベトナム雑貨についての記事が、ファッション雑誌などのメディアで頻繁に見られるようになる。だが、ベトナムの文化に対し、誰が「おしゃれ」か否かを評価するのだろうか。

Chao Lua・現地の味そのままのベトナムメニューを。洗練されたベトナムメニューを提供しているカフェ&レストラン。この春、メニューをリニューアルし、さらにバリエーション豊富に。ベトナムのかき氷、チェーやシェイクのシントーなどの、夏にぴったりなデザートやドリンクも大充実。

（野尻和代『Hanako WEST』第一二巻第六号、マガジンハウス 2001）

アジア民芸・亜南　花／青木ここで使ったのはマスタードなどを入れるベトナム・バッチャン焼の調味料入れ。スプーンを引っ掛けるくぼみに花をもたせかけられるので、茎が短くても留めやすい。すがすがしい香りで気分さっぱりリフレッシュ効果も。マリーゴールドもローズマリーも、清涼感のある香りが特徴。

（赤岩智美『花時間』第一二巻一一号、通巻一三四号、角川書店 2002）

「洗練されたベトナムメニュー」、花器として使用された「ベトナム・バッチャン焼の調味料入れ」は、ベトナムの文化を日本人が「洗練」することで、高級な消費や鑑賞の対象として生まれ変わったというストーリーに位置付けられている。岡田（2003）によれば、バッチャン焼は日本の著名な料理研究家の紹介によりベトナム料理と共にブームとなったが、その眼差しはかつて朝鮮や沖縄の工芸を捉えた柳宗悦の眼差しと同じであるという。柳宗悦は帝国主義下で朝鮮、沖縄の民俗芸術を積極的に擁護したが、その姿勢は特権的立場からの評価であり、政治性の無自覚を伴うオリエンタリズムとして批判されている（竹中 1999）。

問題になるのは、岡田が指摘するように、現在では一般の日本人がみな「異文化から脱文脈化されて流通市場にのせられた諸工芸を日常生活に採り入れ、転用するようになっている」という事実である。つまり、オリエンタリズムの眼差しは、一般の日本人の日常生活において広く浸透してしまっているということである。海外旅行の普及というグローバリゼーションは、すべての物を商品価値で一元化する資本主義に晒したが、それにより異文化間の歴史に対する敏感さは失われ、やがて歴史も抹殺される。

フレンチ・コロニアル

「オリエンタル・アジア」の表象がアジアの素朴さ、野蛮であるとすれば、「フレンチ・コロニアル」

の表象は、ベトナムに残る植民地時代の高級でおしゃれな西洋文化である。「フレンチ・コロニアル」という表象が表すのは、フランスによる植民地支配という歴史の痕跡を商業主義で覆い隠すポストコロニアルの意識である。日本にあるベトナムのガイドブックやツアーのパンフレットには「コロニアル」という言葉が多用されているが、その対象となるのは、建築物、料理、雑貨、そして文化人をも含むベトナムの文化全体である。現在、ベトナムのガイドブックの高級ホテルの紹介文には、「フレンチ・コロニアルな雰囲気」「フランス資本」「フランス人デザイナーによるモダンなデザイン」といった文字が並ぶ。「コロニアル」「フレンチ・コロニアル」の形容を与えられる建築物には、フランス植民地時代の歴史的な建築物だけでなく、フランス資本により最近建てられた新しい建築物や、様式に単にフレンチを模しただけの建物もあるが、共通しているのは「フランス」、さらには「コロニアル」という言葉が「高級」なイメージで用いられていることである。建築物だけでなく、料理もまた、「コロニアル」な店の内装と「アレンジ」により、高級感を加味される。

ベトナム料理。コロニアル建築の人気店。フランス統治時代のアヘン工場を改装したコロニアルな雰囲気漂うレストラン。伝統的なベトナム料理に少しアレンジを加えたメニューはモダン過ぎずオーセンティック過ぎず、どれも食べやすいものばかり。人気はベトナム中部風のパイン・セオ。

（『地球の歩き方Ｄ２１　ベトナム二〇二一－二二版』ダイヤモンド社）

フランスがベトナムから去った後も、新たな資本主義の時代に再編成された二つの国は、ポストコロニアルな関係を再構築している。さらに、現在ではフランスだけでなく日本を含めた先進諸国が加わり、ベトナム文化の中に再生された植民地の影を、資本主義という一元化された価値観の中で「高級」と位置付けてしまった。こうした「文化の資本主義化」ともいうべきプロセスにあっては、植民地という歴史的な痛みでさえ商品化され、歴史的認識の欠落とともに抑圧者の肯定にさえ至る。日本が「フレンチ・コロニアル」というベトナム・イメージを「おしゃれ」と肯定した時点で、ベトナムの植民地としての歴史は忘れ去られ、無視されている。

ベトナムの子供服　ハノイの、フランス人が経営するおしゃれな洋品店で、あんまりかわいくて買わずにおれなかった二歳用の子供服。約千円だった。靴は雲南からベトナムに向かう途中の村で入手した。八十歳のおばあさんの手になる、すべて手縫いの一歳用で、刺繍はもとより、裏までしっかりと縫われているのに感心。今やおばあさんしか作れないという。同行の雲南の博物館職員が「ぜひ買っておけ」と言うので何足かまとめて買った。

（二部治身「宝もの、見つけた」『集めた、使った、アジアの道具』文化出版局 2001）

ここにも、ベトナム文化の中の二種を取り上げ評価する日本人の「オリエンタリズム」の眼差しが存在する。一つは、「フランス人が経営する洋品店」をおしゃれでかわいいと評価する眼差し、もう一つは、「（ベトナム人の）八十歳のおばあさんの手になる、すべて手縫いの一歳用（の靴）」に感心し、懐かしさや希少価値を見出す眼差しである。前者は欧米と日本との間のオリエンタリズムにおける被抑圧者としての日本の立場であるが、後者は日本とベトナムとの間における「日本的オリエンタリズム」を表している。特に、後者の「日本的オリエンタリズム」の眼差しは、ベトナム人の名もなき庶民の手仕事を先進国の立場から見下ろして同情し、感心するという意識構造によるものであり、「宗主国日本から属国たる朝鮮や沖縄を見下ろす柳宗悦、さらには柳宗悦を無意識のうちに模し、ベトナム文化を評価する日本人の眼差しである。

二〇二〇年の現在に至っても、この種の「日本的オリエンタリズム」は観光という市場において繰り返し強調され、ベトナムの歴史と文化への無自覚をより一層助長しているようである。『るるぶ　ベトナム　ホーチミン・ハノイ・ダナン（二〇二〇年版）』（JTBパブリッシング）の表紙には、「懐かしいけど新しいコロニアルタウンへ」という大きなピンク色の文字が並ぶ。「コロニアルタウン」という文字の大きさと漫画的な字体に筆者は違和感があるが、若い読者にはそのようなことはないのであろう。表紙をめくると目次の上には「ベトナムでやりたいこと」として六つの項目（コロニアル建築を見る、フォーで朝ごはん、アジアン雑貨をゲット、人気のフォトジェニックスポットへGO、おしゃれカフェでいい気分、市場を探検してみる）が並ぶ。おそらくこの六つは日本人の若い世代の代表的なベトナム・イメージを形成している。コロニアル、ベトナム料理、アジアン雑貨、伝統的な市場、これらは別のアジアの場所にも当てはまるオリエンタルの鋳型のような意識の型である。たとえば、台湾なら、レトロな日本家屋、台湾料理、アジアン雑貨、伝統的な市場、夜市といったところであろう。だが、ベトナムの場合、とくに「コロニアル」が筆頭の項目となっていることからも、これがベトナムの商業的イメージの表象において中心的な概念であることがわかる。

鈴木（2010）はベトナムにおける「フレンチ・コロニアル」のイメージが、香港やシンガポール、バンコクなどに比べ、イメージの「中心的な位置を占めている」と述べている。それは、香港やシンガポールなどは多様なイメージが重層的に蓄積しているのに対し、ベトナムは約二〇年という比較的短い間に急速に観光地となったためであるという。このように植民地としてのイメージが中心的イメージとして前景化する原因として、鈴木はさらに、ベトナムの文化そのものが本来中国、インドなど様々な文化の影響を受けていることを挙げ、本質主義的なベトナム文化言説に対する問い直しも行われていると述べている。確かに、中華文化をコアにもつ香港などと比べ、ベトナムのイメージにはコアな文化がイメージしにくいのは事実である。だが、それはベトナム文化の多様性に起因するだけでなく、多くの日本人がベトナムの文化、特に人口の九割を占めるキン族についての知識が極めて乏しいということも大きな要因であると考えられる。華人が中心となる香港のイメージは、中国＋英国のように比較的分かり易いが、ベトナムの場合、キン族＋フランスという混淆においてキン族や他の少数民族についての知識が極端に乏しいために、結果としてフランスが前景化してしまうのではないだろうか。

現在も、フランスはベトナムにとって単なるイメージを形成するだけでなく、ベトナムの文化・社会においてリアルな存在である。ベトナム出身、フランス・パリ育ちのベトナム系フランス人、トラン・アン・ユン監督による映画「青いパパイヤの香り」は、国際的な映画祭で高く評価された。後にその妻となった主演女優をはじめ、出演者の多くはフランス在住のベトナム人である。

日本を含めアジアの映画が「国際的」評価を得るためには、カンヌ国際映画祭、アカデミー賞など欧米の映画・イベントで評価されなくてはならない。小津安二郎、黒澤明、北野武などの作品はいずれも欧米の映画・イベントで受賞しているが、いずれも欧米の眼差しで日本を表現している。ベトナム映画として最初に「国際的」に認められた作品「青いパパイヤの香り」もまた、フランス人から見たベトナム、フランスに住むベトナム人の眼差しで作られている。この作品もまた、日本の巨匠と言われる監督たちの作品同様、欧米で認められることにより初めてその価値を認められたのである。

映画だけではない。文化と呼ばれる営みの中で、殊に芸術とそれに近い分野において、かつてアジアが主導権を握ったことがあっただろうか。欧米で学び認められた芸術家がアジアで活躍するのは一般的であるが、その逆はほとんど聞かない。ベトナムの文化の価値を決める傲慢な他者の眼差しは、芸術にも、そして日常生活にも、無遠慮に介入している。


【ハイセンスなリゾート風カフェ】在住の欧米人マダムたちのリピート率高し。

【テーブルランナー】鮮やかなピンクのリネンに農村風景の刺繍というギャップがいい。

【トゥー・フー】ベトナム人女性オーナー、ヒエンさんが日本の陶磁器の美しさにインスパイアされて生み出した陶器の数々。在住外国人にも人気。

【マジェスティック・サイゴン】フランス領時代一九二五年創業の老舗ホテル。なめらかな曲線を描くファサード、アイアンレースで飾られたエントランスなど格調高いエレガントな空間が迎えてくれる。ベトナム戦争中は各国のジャーナリストの定宿としても使われ作家・開高健が滞在した部屋も残っている。

【麗しのコロニアル・ダイニング】フランス人とベトナム人の二人のメインシェフが作り出すフレンチ・ベトナミーズを堪能できる。サービス、味、空間共に洗練され質が高く各国のＶＩＰも足を運んでいる。

（『るるぶ　ベトナム　ホーチミン・ハノイ・ダナン（二〇二〇年版）』ＪＴＢパブリッシング）

ここに引用した旅行スポットの説明文はいずれも、欧米人、または日本人がベトナムの文化の価値を決めているという意味を含んでいる。「欧米人マダム」「在住外国人」「各国のジャーナリスト」「作家・開高健」「各国のＶＩＰ」といった外国人による評価が、ベトナムのカフェ、雑貨、建築物、レストランの価値を決めるのである。とりわけ日本人が無自覚であるのは、「鮮やかなピンクのリネンに農村風景の刺繍というギャップがいい」と評する日本人の意識にある、ベトナムに対する差異化の意識である。ベトナムの旅の印象を「クサカッタデス」と臆面もなく評する日本人の若者は、この旅行雑誌のような「フレンチ・コロニアル」なベトナムをイメージしてベトナムを訪れるが、現実の街の中ではアジアの後進性の表象「オリエンタル・アジア」を見出すことになる。

日本人のベトナム・イメージは、七〇年代から現在に至るまでメディアの商業主義の情報の影響を受けて変容してきた。そのイメージは、「秘境」から、「オリエンタル・アジア」を経て、「フレンチ・コロニアル」へと変容したかのように見えるが、日本人の意識にあるのは、日本が脱アジアを宣言した頃からほとんど変わらない、二項対立的な差異化の意識である。

注

1　内閣府世論調査ＨＰ　二〇二〇年一〇月三一日閲覧。

2　同右。

3　二〇一二年三月、検索対象となっているのは一一種のデータ、合計約一億五百万語で、サンプルは無作為抽出による。https://shonagon.ninjal.ac.jp/

4　八〇年代に日本は大幅な貿易黒字へと転じ、以降貿易黒字の拡大が加速したため、経常収支の不均衡、黒字の是正と国際化の努力が求められた。八七年、国際交流促進のために打ち出した振興策が「海外旅行倍増計画」（テンミリオン計画）「外国人旅行者受入態勢の整備推進」である。「海外旅行倍増計画」は前年八六年に五百万人だった日本人海外旅行者数を五年間で二倍の一千万人にする計画であるが、円高・好景気により予定より早い九〇年に目標は達成された。インバウンド実務主任者認定試験ＨＰ　二〇二〇年一一月三日閲覧。

5　エコツーリズムの定義と分類については、貝柄徹・礒嶌喜規（2005）を参照。

6　ベトナムで一九八一年に生まれた下半身が繋がった結合双生児ベトちゃん、ドクちゃんに対して、八八年日本赤十字社の支援で分離手術が行われた。結合双生児となったのはベトナム戦争時の米軍による枯葉剤の被害の影響が指摘され、ベトナム戦争被害の象徴として日本で多くの支援が寄せられ、メディアの注目も高かった。

第6章　二つの権利のために

白色光は一色にみえるけれども、プリズムの分光に分解される。それと同じように、空間も分析によって分解される。だが空間の場合には、分析という認識の行為によって、表面上は均質で整合的にみえるものの中に、つまり均質で整合的な姿をとりそのように振る舞っているものの中に諸種の紛争がはらまれていることが洞察されるのである。

（ルフェーヴル 1974=2000: 507）

第4章ではベトナム人の日本イメージ「都市性」「権威主義」、第5章では日本人のベトナム・イメージ「オリエンタル・アジア」「フレンチ・コロニアル」について述べた。本章では、まず、これらの表象が表裏の関係にあることを述べる。「都市性」と「オリエンタル・アジア」は「中心性」というベクトルの上に、「権威主義」と「フレンチ・コロニアル」はポストコロニアリズムという意識に、それぞれ位置付けられる。これらの表象は、実習生をめぐるベトナムと日本の空間論的な関係を表してもいる。それは、「市場と消費の空間」としての「都市」である日本と、「空間の消費」の目的地、リゾートとしてのベトナムである。ベトナムから日本に移動した実習生にとって、本来、日本は「市場の空間」という働く場所であると同時に、「空間の消費」のための余暇の場所であることも要求されるが、これが満たされていない場合、逸脱などの社会問題が起きる。現在、SNSの仮想空間が、実習生の余暇の空間を代替している。実習生が日本で充実した生活を送るためには、「都市への権利」、「差異への権利」というルフェーヴルの提示する新たな人権概念による二つの権利が必要であり、その獲得のためには、実習生を取り巻く人的ネットワーク、同世代の日本人との交流などが有効であると考えられる。

都市性とオリエンタル・アジア

第4章ではベトナム人にとっての日本イメージ「都市性」、「権威主義」、第5章では日本人のベトナム・イメージ「オリエンタル・アジア」、「フレンチ・コロニアル」の二つを指摘した。以下では、まず、「都市性」と「オリエンタル・アジア」、そして「権威主義」と「フレンチ・コロニアル」という表象が表裏の関係にあることを述べ、これらの表象が相互の意識により形成されていることを指摘する。

「都市性」と「オリエンタル・アジア」は、「中心性」という概念を基準としたベクトルの上に位置する表裏の概念である。「中心性」はルフェーヴルの「都市への権利」において都市に向かう志向を表す。「都市への権利」は、刷新された中心での生活を希求し、人間らしい営みのための時間と空間を十分に許す権利として定義される。

都市への権利は、単なる伝統的な諸都市への訪問あるいは回帰の権利として構想されることはできない。

それは、変貌させられ、刷新された都市生活への権利としてしか定式化されることができない。

形成途上のこれらの権利（労働や訓練や教育や健康や住居や余暇や生活への権利）のなかに、都市への権利（古い都市への権利ではなくて、都市生活へ、刷新された中心へ、出会いや交換の場所へ、これらの時や場所の十分で十全的な使用を許すような生活のリズムや時間割へ、などの権利）がある。

（ルフェーヴル 1969=2011：177）

「中心性」という概念は、人が「都市性」を求める際の特徴である。「先進性」と似ているが、都市的な生活を志向し、より良い生活を求める個人のライフスタイルに関わる概念である。「中心性」は人の移動を促す重要な動機となる。移民の歴史から見ても、人は常により良い生活を求めて「中心」へ移動を続けてきた。日本に移動するベトナムの若者たちにとって移動の目的は、より先進的な国で労働することによって、自らも先進的・近代的な生活を獲得することである。ベトナムの若者の日本イメージの回答の中に「近代的」という表現が頻出するのは、この言葉がベトナムにおいて現在もなお重要な社会・文化の指標であり続けていることを示している。現在経済発展の途上であるベトナムにとって、フォーディズム的な近代性は国と個人の発展の指標であり、海外への移動の動機付けとなっている。一方、日本の技能実習制度を含む外国人労働のあり方もまた、新しい資本主義に移行できない多くの事業者が低賃金の外国人労働力に頼るフォーディズム的生産体制（単純労働、職業訓練がほとんどないこと、労働組織が垂直的であることなどを特徴とする）を維持している状態であり、その意味では双方の需要と供給のあり方は一致している。

「都市性」を求めるベトナムの若者にとって、選択すべき移動先は必ずしも日本である必要はない。日本以外で行きたい国として彼らが挙げる国（アメリカ、韓国など）はいずれも先進国と言われる国であり、日本はその中の選択肢の一つであるに過ぎない。だが、ベトナムの若者たちの描く「都市」は、現実の東京やソウルといった都会を指すというわけではないのである。彼らの求める「都市」はあくまでも「都市性」であり、現実の都市というよりも彼らの心象地理としての日本の表象であるに過ぎないからである。したがって、彼らが日本で働くことになるのが東京から遠く離れた地方の農家や工場であっても、彼らの希求する「都市性」は追及することができる。

熊本県内に住む、あるベトナム人実習生ＮのＳＮＳには、熊本の美しい景色の写真とコメントが挙げられている。阿蘇の山並み、天草の海、秋の街路樹、新しいショッピング・センター、美しい和食料理店の膳、等々。これらは彼らが求めた「都市性」であり、すなわち、都市的なるものを構成する諸要素―美しい景色、最新の建築物、美しく飾られた食物―である。彼女の求める「都市性」は、日本の文化というより、より新しく、より良い生活に近いライフスタイルに関わる概念である。「都市性」は都市的なものを求める意識であり、現実の都市に居住する必要はない。中心を求める意識が認められれば、どのような田舎にいたとしても「都市性」は満たされる可能性がある。さらに言えば、ベトナム国内であっても「都市性」は追及され得る。

（H：医療機関へ派遣予定の実習生、S：筆者、二〇一八年九月一八日、ホーチミン市）

S：五年たって日本から帰ったら、どんな仕事がしたいですか。

H：もし私は（福祉関係の資格）試験に合格できたら、ずっと日本に住みたい。仕事は仕事だから大変なことはもちろんある。でも、自分が大変でも家族を助けながら、私はずっと日本に住みたい。そして、日本の空気も景色もきれいだから住みたい。もし日本にずっと住めなかったら、ベトナムに帰って通訳の仕事をしたい。一番目の理由は、もし通訳の仕事をしたら、いろいろなきれいな所へ行って、いろいろなおいしいものを食べられて、三年ここで勉強した、その日本語を使うこともできる。今朝先生を迎えに行った時、そのホテルもほんとにきれい。もし通訳の仕事をしたら、ボスとそんなきれいなホテルに行っていろいろな美味しいものを食べたらいいなと思って。

ただし、ルフェーヴルが述べているように、都市への権利を充たすためには、出会いの場所や、刷新された場所へアクセスするのに十分な時間と生活のリズムが担保される必要がある。しかし、月に四日の休日しかない実習生にとって、都市への権利は充分に与えられてはいない。彼ら自身もそれに不満を言わず残業さえ希望するが、それは賃金が低いからである。雇用の条件が改善されず、彼らの都市への権利が満たされない限り、現在社会問題化している実習生の不法残留や犯罪の問題は解決しないだろう。そして、都市への権利を充たすための十分な時間と生活のリズムが与えられない限り、彼らのSNSコミュニティへの依存はますます増長するはずである。SNSへのアクセスには、時間も機会もさほど必要ではないからだ。

「都市性」は、「中心性」という概念を含む一方で、ローカリティ（その土地特有の文化）や周縁性と共存している。ベトナムの若者たちの移動により、彼らの受け入れ先では必ず彼らのもたらす都市性と、地域社会のローカリティとの鬩ぎ合いが発生する。たとえば、都市性の特徴である不特定性（相互に繋がりのない不特定多数の住民の存在等を特徴とする）は、地方の小さなコミュニティにおいては本来無縁であったが、外国人の住民が増えたことにより、今では見知らぬ隣人の存在が日常になりつつあるといった変化である。また、異文化の接触は、時には新たなローカリティの構築という現象を生む。伝統的なコミュニティに新参者が加わることでコミュニティのアイデンティティが強調され、新参者には通過儀礼に類似する地域の慣習が強調されて提示されるような場合である。ベトナム人実習生にとって事前研修の段階で最も強調されている日本社会の代表的な通過儀礼は、ゴミ出しのルールに代表される清潔感である。日本人が外国人住民の増加に対して不満に思うこととして、社会調査で常に上位に挙げられるのがゴミ出しであり、そのルールはそれぞれの地域社会の通過儀礼的な存在となっている。ゴミ出しのルールが定着したのは、日本でもここ三〇年ほどのことであるが、現在は日本の清潔感に関わる代表的なルールであり、時には過剰な反応を伴う規律となっている。清潔さに対する意識は日本人にとって近代性や先進性を意味する重要な価値観であり、異文化に対する差別的な意識の源となることも多い。

（N：熊本市内工場の日本人社員、二〇一八年九月八日、熊本市）

N：（実習生に）直してほしいことですけど、お風呂に入ること。ものすごく匂うんですよ、暑い国が多いのにね。匂いがすごくて。体臭は〇〇（国名）がきついです。ベトナムは意外と清潔感ある子ばっかり。ない子もいるでしょうけど。だけどこれは差別になるのかなっていう発言があるから。それ以上は言えないですけど。まあ、匂ったらしょうがないのかな。

「中心性」は、その対義として「周縁性」を含意する。ベトナム人の若者が「都市性」を求めて日本に移動するのに対し、日本人はベトナムに「周縁性」を意味する表象を付与することになる。異なる文化の他者がそれぞれ属する社会を「中心性／周縁性」という基準で比較し評価するという意識は異文化接触において常に見られる意識であり、その中心に位置する欧米諸国から、アジアの先進国を経て、周縁のアジア諸国に至る階層を成している。欧米に留学した日本人は「周縁」を意識し、日本に留学したアジア人もまた「周縁」を意識することになる。

日本人がベトナムに付与する表象「オリエンタル・アジア」は、日本人にとってのベトナムの「周縁性」を意味する。「オリエンタル」は中心としての西洋と対極にある「周縁性」を意味し、「アジア」は日本人のベトナム社会・文化に対する知識と関心の低さを示している。多くの日本人にとってベトナムのイメージは、東南アジア諸国の一つという漠然とした認識によるということである。「アジアン雑貨」「アジアン・テイスト」「エスニック」というベトナムの文化に対する表現が意味するのは、ベトナムの文化もタイの文化も、素朴さや懐かしさといった後進性から生じる特徴で一括りにされているということである。だが、日本人のベトナムに対する大雑把とも言えるこうした認識のあり方は、ベトナム人にとって移動先としての先進国は日本に限らず、韓国やアメリカといった選択肢も存在するのと同様であると言えるのかもしれない。

ベトナム人の若者にとって日本を表象する「都市性」と、日本人にとってベトナムを表象する「オリエンタル・アジア」は、「中心性／周縁性」を基準としたベクトル上に双方を位置付ける表裏の認識であるが、近隣諸国の場合に比べ、双方の表象を形成する認識は、お互いの地理的空間、国家、あるいは文化に対する詳細な情報や知識に拠るものではない。日本においてベトナムの若者による「都市性」が追及されるためには、雇用条件が改善され、十分な時間と十全な機会を獲得する必要がある。それがなければ、彼らが代替として依存するSNSコミュニティにおける不特定で仮想の出会いがもたらすリスクが増し、不法残留や犯罪も減ることはないだろう。

権威主義とフレンチ・コロニアル

次に、ベトナム人実習生にとっての日本の表象である「権威主義」と、日本人にとってのベトナムの表象である「フレンチ・コロニアル」に共通する意識は、アジアの伝統的な家父長制度と日本による植民地時代のアジアへの同化意識に加え、現在も西洋を権威化しアジアを未熟なものとみなす意識であることを述べる。

「権威主義」は、日本の職場における階層構造や、家父長制を模した日本の雇用関係などに見られる意識であり、社会心理学では権威主義的パーソナリティの特徴として、権威ある者への絶対的服従、自分より弱い者に対する攻撃性等が指摘されている[1]。マイノリティへの暴力的行為や態度は、権威主義的な弱者への攻撃性と言える。ベトナム人実習生がしばしば口にする「（日本人に）オコラレル」という状況も日常的に発生している。

（H：ベトナム人通訳の留学生、S：筆者、二〇一九年二月九日、熊本市）

S：バイト先は楽しくなかったってことは、嫌な思いをしたのね。それは言葉で？　態度？

H：うん、態度みたいですけどね。

S：態度が悪いのは外国人に悪いの？

H：そうです、そうです。だって、なんかベトナム人の場合だったら、たとえばまあ、間違いとかあったら、まあすごく怒られる、怒られるみたいですけど、日本人の場合だったら、あまり怒ってない感じかなと思っています。

S：Hさん自身も怒られたの？

H：まあ一回怒られました。

S：意味はきつい意味だった？

H：まあまあまあ、やっぱ怒られたから、言葉遣いも酷かったかな。

S：言葉遣いも悪いと思った？

H：だって怒る時に、皆そういう言葉とか使ってるんじゃないですか。悪い言葉とか。

S：それはわかったのね。

H：はい。

Hさんは留学生で日本語能力が高く、工場で日本語の通訳をするようになってから日本人の差別的な態度に敏感になっている。筆者に「偏見」「差別」の意味の違いを質問してきたこともある。福岡から熊本に来て半年になるが、熊本にはまだ親しい日本人がいない。

Tさんは現在熊本市内の専門学校の留学生であるが、以前他県の工場で実習生として働いた経験がある。当時は日本人の同僚を家に食事に招くなど、良好な環境だった。留学生として再来日し、コンビニでバイトしているが、客の中には差別的な言動の人もいるという。

（T：ベトナム人専門学校留学生、S：筆者、熊本市内の学校）

S：今までつらかったことはありますか。

T：つらかったことは特にありませんでした。偏見を経験したことは一回あります。バイトをした時に、五〇代の日本人の男の人に理由なくても怒られました。

S：え、理由なくて？

T：はい。私の考えでは、どこの国でもいい人もいるし悪い人もいます。でも、日本人は大体皆優しいと思います。優しい人と友達になりたいです。

これらの事例が示すのは、ベトナム人に対し「酷い言葉」で「理由もなく」「オコル」日本人の姿である。実は、同様の事例はベトナム人に限らず、中国、台湾の留学生の場合も日本人店長や同僚、客から異常なほど厳しい叱責や侮蔑的な言動を受けることがある。HさんもTさんも日本人の態度を共通して

「偏見」と認識し、Hさんはさらに、その偏見が外国人・ベトナム人に対するものであると述べている。

（H：ベトナム人通訳、S：筆者、二〇一九年二月九日、熊本市）

S：うん、なるほどね。今も困る時がある？

H：あるときもあるんですよね。でも、もっと前からも、なんか偏見を持っているから。で、まあ、やっぱ外国人は外国人だから、で、いつもなんか区別されてるみたいな感じ。

S：その偏見っていうのは、Hさんの偏見？　実習生の？

H：いや、あの、日本人がなんかベトナム…外国人という…外国人だという偏見をもっている。

S：それはHさんの感想ね？

H：いや、たぶん誰でもそう思っているんじゃないですか。

S：それは、たとえば、今の職場でどんな時にそれは思う？

H：なんかあの、自分だけしたことだったら、まあなんか以前あるところで日本人とベトナム人とか、ほかの国の人もいらっしゃるんですけど、やっぱなんか、たとえば、何かあったら、仕事とかあったら、先にベトナム人が、外国人をやらせるという感じ。

S：厳しい仕事？

H：日本人が、なんかあの仕事は、なんかたとえば、ベトナム…なんかなんていうかな、ベトナム人と日本人が暇だったら、まあ最終的にベトナム人をやらせるっていう感じ。

S：そういうことからね。それはHさん自身が経験した、日本人のもつ偏見ってこと？

H：そうですね。

日本人の上司や客がベトナム人を「オコル」という態度は、「権威主義」の特徴である、自分より弱い者、未熟な者への攻撃性として捉えることができる。社会心理学における権威主義的パーソナリティの研究によれば、権威主義的パーソナリティの形成には両親の躾が及ぼす影響が極めて大きく、世代間連鎖を起こすことが指摘されており、日本の家族問題の考察でも重視されている（荒木 2003: 58）。一方で、早くから排外主義[2]の形成要因として人種差別意識と結び付く可能性が論じられ（アドルノ 1950=1980）、近年日本においても権威主義と排外主義の関わりをより詳細に調査した研究が増えている。

永吉（2015）は、権威主義的態度が脅威認知を媒介し、排外意識を高めていることを明らかにしているほか、田辺（2018）は、不満や不安がある人や権威主義的傾向の強い人の方が排外主義的になりやすいという調査結果を示し、日本では社会的不安や権威主義は、ナショナリズムを経由して排外主義を強める傾向があると述べている。これらを受けた米良（2020）も、権威主義がナショナリズムと脅威認知に媒介効果をもち、結果として排外意識を高めており、排外意識抑制のためには権威主義を抑制する必要があると指摘している。これらの研究が示唆するのは、権威主義がナショナリズムや排外主義の形成に関わりがあるということであるが、ただし、樽本（2018）は、日本と韓国における排外主義の研究を踏まえ、日本の排外主義が外国人一般に対する排外主義的意識の生起と韓国・中国に対するそれとはメカニズムが異なる可能性を示唆している。

エスニック排外主義と言われる「尊厳を貶めるなど否定的に評価したり諸機会および諸権利の享受を

妨げたりする態度・状態および実践」（樽本 2018: 8）は、おそらくそれぞれの異文化間の関係により異なると考えられる。たとえば、ベトナム人の従順な態度は、権威者による尊厳の軽視、時として過度な叱責といった攻撃的態度を助長する。また、一見排外的とは言えない態度であっても、日本人の意識に潜在的に存在する蔑視や優越意識もまた排外主義と言えるであろう。調査では多くの日本人雇用主がベトナム人実習生を「あの子たち」「いい子」のように「子」という言葉を用い、自らを「お父さん」と称していたが、そこには雇用関係や年齢といった上下関係の意識だけでなく、かつて戦時中に日本が東南アジアに対し「弟」と呼んだ同化の意識が存在する（倉沢 2002）。現在もなお日本人がアジア人に激しく「オコル」ことや、「子」「父」という家族的な呼称を用いることで、無意識のうちにポストコロニアルな状況が日本人とアジアの人々の間に再生され続けている。

一方、ベトナム社会においても、権威主義が伝統的に浸透していることが予測される。ベトナム人の家族愛と親孝行は伝統文化であり、ベトナムの婚姻と家族の法律（2014）は、子どもの権利だけでなく義務としての敬愛や親孝行が法律で定められ、ある程度の家事も規定されている（ファン・ティ・マイ・フオン 2018: 164）ベトナムでは子どもの頃から親孝行は伝統的にも法律的にも義務であり、年長者や上位者に対する権威主義的な意識が醸成されていると考えられる。ベトナム人が従順なイメージを与えるのも、実習生たちが日本での権威主義的な雇用関係におとなしく従う傾向があるのも、ベトナム社会の伝統と法律に基づく社会的慣習によるものが一因であるのかもしれない。時には実習生を受け入れる日本人雇用主の側にも、ベトナム人実習生にもう少し意思を表明してほしいという声がある。

（N：農業経営者、S：筆者、二〇一八年一二月二一日、熊本市）

S：実習生といて大変なことは何ですか。

N：やっぱ言葉ですね。自分が言いたいことが本当に伝わっているかなんかがわかんないということです。

S：そんな時は、農作業とかしている時にわからなくなった時とかは……。

N：いや、それがですね。（S：はい）向こうは何でも「はい」と言うとですよ。（S：ああ）わからなくても「はい」と言うとですよ。「わかったね」と言っても「はい」と言うとですよ。で、こっちはわかったもんと思うとですよ。（S：ああ）だけどやっぱりほら、ぜんぶ、やっぱお金が絡んどっけんが。

S：ああ、そうですね。

N：だめて言ったなら、もうほら、いかんけんがって思て、全部「はい」て言うけど、こっちはわからん時は「わからん」て言ってくれって言うとるとですけどね。そこらへんはですね……。

雇用主も実習生も雇用関係がある（「お金が絡んでいる」）以上、そこには権威主義的な関係が生じやすいのは事実であるが、それに加え、日本人のポストコロニアルなアジア観、日本とベトナム社会における伝統的家族関係に基づく権威主義的意識の醸成など、日本とベトナム双方の歴史的・社会文化的背景が、ベトナム人実習生と日本人の間に権威主義を形成しているものと考えられる。

さらに、日本とアジアの間の権威主義には、もう一つその権威をめぐる欧米偏重の意識が存在する。日本のメディアによる「フレンチ・コロニアル」の表象が表すのは、そうした日本人の権威に対する意識である。欧米偏重の意識は、日本社会の日常的な生活様式や消費に関わる価値観において根強いものがある。日本の女性雑誌が七〇年代の創刊当初、いずれもアメリカ、フランスの女性雑誌と提携していたこと（坂本 2000）、東京の代官山地区では集合住宅の名称として、フランス語とドイツ語の表記が七〇年代から用いられ、名称の欧米言語化が進んだこと（松井他 2020）などから、日本では広範な消費文化において「欧米＝オシャレ、高級」という表象が一種の権威として機能してきたことがわかる。現在も日本では、多くの商品広告において欧米人や欧米の言語が使用されるのが日常的であるが、ベトナムの文化に対し「フレンチ・コロニアル」という冠を載せるのはあまりに無神経ではないのか。それにより、フランスの植民地であったベトナムの歴史的な痛みが無視されるだけでなく、ベトナムの文化の価値を日本という先進国が正しく評価するという審美的価値観における権威の意識も露になる。この権威は、フランスを含む欧米の文化を文明的と見なし、ベトナムを含む東洋の文化を野蛮と見なすオリエンタリズムによる権威であり、植民地主義の意識が今も継続することを示すポストコロニアリズムの意識の現れであると言わざるを得ない。

自国の文化に対する価値基準については、ベトナム社会内部でも伝統文化をめぐり議論されている。ベトナム北部の観光地ハロン湾の例をグエン・ティ・トゥ・フオン（2018）等から見てみる。古くから観光名所であったハロン湾は二〇一四年に世界遺産に認定され、それとともにハロン市により湾内に並ぶ水上生活者の筏ハウスの移転プロジェクトが実施され、水上村の漁民三四四世帯一六五〇人がハロン市内に上陸、移転した。この移転プロジェクトはユネスコの専門家に世界遺産での住民移転プリジェクトの中で最高と評価され、移転により「ハロン湾の価値を促進し、人々に良い生活をもたらした」と言われている。だが、漁民の多くがタクシー運転手や縫製業へと職業変更したことで伝統的な生計形式が破壊され、陸に上がった僅かな漁民は収入が減少し、子どもの就学や自身の医療も受けられないほどの貧困に直面し、陸上移転後二年間で漁民二〇人が死亡したという。一方、水上生活者の生活スタイルそのものも、環境に悪影響を及ぼしていることも指摘されている。観光船でハロン湾を巡る旅に参加した日本人観光客のブログの中には、「海が汚くてがっかりした」という声も多い。ハロン湾の海上ゴミと水質汚濁は深刻で、その発生源は筏ハウスエリアの生活ごみ、観光船から出るゴミ、観光客・観光スタッフから出るゴミなどであるという（高橋 2014）。「ハロン湾の価値」とは誰にとっての価値で、誰が決めるのか。そして、「良い生活」とはどのような生活で、誰が良いと決めるのか。

ハロン湾を巡る大型クルーズ船の旅に参加した日本人のブログは、ネットで容易に見ることができる。いずれも美しいハロン湾の写真で溢れているが、海上に筏ハウスの姿は影も形もない。クルーズ船内を撮影した写真には西洋人観光客の姿が目立つ。ベトナム人が唯一映っていたのは船内のレストランでベトナム人スタッフの紹介があった時の写真だけだ。並んで直立するベトナム人スタッフは、くつろいで座る欧米人の乗客により「見られている」。この画面の構図は、サイードの『オリエンタリズム』の表紙を飾るジェロームの絵画「蛇使いの少年」を連想させる。この日本人が楽しんだのはユネスコにより整備されたハロン湾で、欧米人と一緒にベトナム人スタッフによるサービスを享受するというコロニアルな経験であった。

植民者は植民地の人々や伝統文化と交わることはほとんどない。明確に境界線を引き、自文化の建築物を建て、猥雑な外の世界とは隔離した空間で生活する。境界線の一つに、清潔さ、衛生観念という価値観がある。ベトナムの「フレンチ・コロニアル」な高級ホテルに泊まる日本人観光客は、建物の裏の不潔な路地や、ハロン湾に浮かぶ筏ハウスからは目を背けるだろう。「フレンチ・コロニアル」は、実はもう一つの表象である「オリエンタル・アジア」と共に、差異化の意識から生まれた双生児である。ネットでハロン湾の旅行記をもう少し探してみれば、もっと小さな観光船でハロン湾を巡った日本人の「古くさい船」「海が汚い」といった不満だらけの感想はすぐに見つかる。後進性に接して直接否定的な評価を下すのも、後進性に触れないように隔離された状態で植民者のように楽しむのも、当該の文化を差異化していることに変わりはないが、いずれも商業的な言葉でコーティングされ、リゾートとしてショー・ケースに並ぶ。

二つの権利のために

なぜ人はリゾートが必要なのだろうか。この答えをルフェーヴルの空間論に求めるなら、それは都市の存在のために不可欠であり、市場や消費という量的な空間である都市のもつ身体性の欠如と、質的なものの欠落と答えることができる。量的な空間における身体の使用権の回復への希求は、都市としての日本を離れ（実際に旅に出なくても心像として）、ベトナムをはじめとするリゾートの空間を消費せずにはいられない。新資本主義と新帝国主義により支配されるポストコロニアルなこれらの空間は、二種類の搾取される地域に分裂しているが、両者は不可分の関係にある。工業化された地域の都市生活には、余暇への欲求が伴う（ルフェーヴル 1974=2000: 508）。一方、都市からリゾートと見なされた地域からは、若者たちが都市を目指して移動する。彼らが希求する「都市への権利」（ルフェーヴル 1968=1969）

は、若者に特有の中心性への憧憬であると同時に、人としての幸福な生活を送るための権利でもある。

《都市への権利》とは、労働や訓練や教育や健康や住居や余暇や生活への権利であり、都市生活における時間と空間をわがものとして領収する権利である。それは同時に自己の身体と欲望をわがものとして所有する権利である。

（斎藤 2000: 641）

ベトナムの若者たちの権利への要求が満たされる時、仕事と余暇の均衡のとれた、心身共に健康な生活が、日本という空間で実現するに違いない。留学する若者が異国の地で学び、遊ぶ経験を望むように、ベトナムの若者が日本に期待するのは、都市の形成に参加する十全な権利である。

注意しなければならないのは、二種類の地域を支配するのは都市に生きる人々であり、もう一つの地域にリゾートの衣を着せるのも都市の人々であるということである。ベトナムをリゾートと見なすのは、日本を含む先進国と言われる都市の人々であり、主体は都市に存在する。ベトナムの実習生たちが「……ラレル」という受動態を多用するのも、日本の大学生がベトナムのイメージに「被害者」を読み取るのも、主体が都市（日本）の人々に存在し、ベトナムの実習生たちには空間を能動的に使用する都市への権利がないことの現れである。

もう一つ、ベトナム人実習生だけでなく、これまでの実習制度により低賃金労働に従事してきた外国人たちがもつべき権利に、「差異への権利」（ルフェーヴル 1974=2000）がある。この本の序章でも触れた、不法残留や犯罪に走るベトナムの若者たちは、日本社会や技能実習制度というシステムのもつ均質化や矛盾が生んだ異質なものとして「排除される」べきものであるかもしれないが、もし彼らの行動がより理論的で創造的であるなら、この制度を刷新する主体的な力を生むことだろう。「差異への権利」は、都市の日常生活における反復と単調なリズムの中で分解された身体が全体性を取り戻そうとする権利であり、身体の創造能力を権利として主張すること（斎藤 2000: 642）、すなわち、より身体的かつ生命的な側面に着目した人間性回復の権利であると同時に、積極的な意志と主体性を必要とする権利である。

《差異への権利》とは、新しい差異を創造することによって物を存立させ、わたしたちを主体として立ち上げる権利である。《差異への権利》とは、現存する差異や自然の差異をそのまま承認することではない。それはむしろ既存の差異を再審理することを、また創造された差異を現存のシステムへと誘導することを拒否する権利を意味する。ルフェーヴルも指摘するごとく、差異の創造は理論的・実践的な闘争を通してのみおこなわれるのである。（斎藤 2000: 641-642）

「差異への権利」は、「都市への権利」を獲得するために変革する力であるとも言える。ベトナム人実習生の妊娠の問題は、「差異への権利」を考える典型的な事例である。二〇歳前後で来日するベトナム人実習生の中には実習中に妊娠する者も多く、多くの実習生が実習の中止を恐れて妊娠を隠し、嬰児の遺棄事件まで発生している。ある食品工場では、妊娠した実習生の悪阻による嘔吐で度々ライン全てが廃棄処分となり、会社側の負担が大きいという。

（N：実習生の同僚日本人社員、二〇一八年九月八日、熊本市）

N：体調が悪い時に無理して一日休んだら自分たちの痛手になるので、きついなら今日は半日で休もうかとか、やっぱり自分たちが自主的に言ってくれるのがベストなんですけど、今はもう自分たちで吐きそうになったら吐かないで帰るっていうことができるようになった。前は現場でどんどん吐きよった。大変なことになってたんですよ。今はもうだいぶ対応できるようになったんですけど、昨日は久しぶりだったんですよ、現場で吐くっていう。これ、言っていいのか、ちょっと本人さん妊娠してたみたいで、それを隠して来てたみたいで、派遣会社呼んで、妊娠してるのになんで呼ぶんですかと、さすがに昨日は上司が…。こぎゃん状態だと現場には入れられないよって。昨日は会社が多分百万から二百万損してますね。全部捨てて、掃除させて、全員で掃除するからその分の人件費も。結局昨日は二時間残業させて、材料費も考えなきゃいけない、会社は大損なんですよ。

実習生に会社から要求されているのは、均質化した労働と、自身の身体までそれに適合させることであり、会社の要求の根拠となるのは会社の利益という量的な大義であるが、実習生はそれを恐れて事実を隠し、彼ら自身の身体の裁断と分解は進む。

二〇二〇年二月に日本で初めて外国人技能実習生の間に生まれた子どもに対し、「特定活動」の在留資格の取得が認められた。母親も在留資格の期間更新が認められ、出産後の実習継続が可能になった（コムスタカ 2020）。支援団体に支援を求め会社と監理団と交渉し、子どもの在留資格と自らのキャリアを手にしたことは、差異への権利を獲得するための闘争の成果であると言えるだろう。

【ベトナム人技能実習生ファンさんからのお礼のメッセージ】（原文ベトナム語）みなさんこんにちは、ファンです。ベトナム人技能実習生です。現在二年以上日本で技能実習をしています。その中で一人の女性と付き合っていました（現在は妻です）。二〇一九年一二月のはじめに妻の妊娠がわかり、シスターに相談して病院に行き、二〇一九年一月に出産ということがわかりました。二人とも技能実習生なので、もし会社や監理団体にばれたら帰国しないといけないので、私たちはシスターにお願いして熊本市国際交流会館を通してコムスタカを紹介してもらいました。その後コムスタカの方から、会社と監理団体に妻の妊娠について話してもらいました。会社と監理団体は妻の日本での出産を許可してくれました。出産後二ヶ月くらいで仕事に戻ることができます、と言ってくれました。（後略）

（コムスタカ 2020: 8）

この事例は、「差異への権利」を獲得するためには、排除されようとする者から主体的な拒否の意志を表明することと、それを支持し、適切に支える周囲の人間関係やネットワークの存在が不可欠であることを示している。

さらに、「差異への権利」は、エスニシティを超えた個人の差異を創造する権利をも意味する。外国人やマイノリティに対する差別や差異化はエスニシティやナショナリティといった属性による均質化、同一視を意味し、個人の差異を無視している。この種の均質化・同一視を拒否するのも、「差異への権利」を求める姿勢であると考えられる。以下の事例では、ベトナム人に対する職場での偏見に対し、日本人従業員のOさんがそれを否定している。彼は同僚が「ベトナム人だから、無理、できない」と言うのが「気に食わない」、そしてそんなことを言う者に限って仕事をしっかりしていないと言う。

(O：日本人従業員、S：筆者、二〇二〇年一月一二日、熊本市)

O：実習生以外にも留学生で会社も仕事回してるところがあるんですけど、どうしてもやっぱ文化の違いとか、日本語が通じないからっていう不満が結構たまってた時期もあって。教えるにも日本語通じないし、言ったことしないしみたいな感じなのもあって。自分の部署じゃないところで結構やめて行く人もおって。

S：ああ、日本人の従業員で。

O：もう、なんか、もどかしい、日本じゃないみたいでって。そこで結構まあ、その相談受けた分は解消したり、時給とか上げて、続けてもらったりとかしてたんですけど。まあ、簡単に言ったら、要は、ベトナム人だからまとまるのは無理とか言うんですよ。ベトナム人だからできる、ベトナム人だから、要は、その、人種とかで言うのは、それは、なんか気に食わんばってん。

S：固有名じゃなくてね。

O：そこばなんか直して言わせんとって。ベトナムだけんできん、できんち言いよったけん。そう言いよったやつとかは仕事をほっぽっとるし。

Oさんは実習生指導員をしていることから、休日は自分の車で実習生を順番に遊びに連れて行くのが恒例になっている。仕事の合間には実習生と一緒に日本語の勉強もする。彼は実習生一人一人を固有名で知っているからこそ「ベトナム人だから」ではなく、個人として認識している。

「都市への権利」は個人の幸福な生活の象徴である「都市」を追求する権利として、「差異への権利」は個人が「都市」を追求する際に、均質化に抗い、多様性と個別性を創造する権利として、現代に生きる全ての人が有する権利である。二つの権利の追求は、ベトナム人実習生をめぐる問題に対し、外国語教育・異文化間教育の立場からどのようなアプローチが可能かという問いへの一つの回答である。現在実習生をめぐる労働環境や人権の問題がメディアや経済分野の研究等で取り上げられるようになったが、実習生と接するにつれ、彼らが求めているものと周囲が問題視する人権とは何かズレがあるという思いが増していた。特に、二〇歳前後の若者の多いベトナムの実習生の場合、実習生という選択肢は留学という選択肢と近接している場合が多い。実際、以前実習生として来日し、専門学校の留学生として再来日する事例も少なくない。彼らが日本の生活に望むのは、まず経済的な充足であることはもちろんであるが、合わせて異文化での経験や日本人との交友関係を望むのは留学生の場合と変わらない。だが、彼らの休日はあまりに少なく、残業はあまりに多い。給与が少ないからだ。月に四日の休日で行ける所は限られている。それでも、休みの日に出かけた街や山の景色はSNSにアップされ、日本国内に散らばるベトナムの友人たちや、ベトナムにいる友人たちと共有される。彼らに必要なのは十分な余暇であり、日常の単純な作業というルーティンからの身体と精神の開放である。

本書はルフェーヴルの空間論を援用しているが、その空間論における人権概念は、支配に基づく近代の基本的人権とは異なり、五感を駆使した身体的実践による空間形成の権利であり、領有にも基づくものである（斎藤 2000: 642）。ベトナムの若者たちにとって日本は、労働の場所（市場と消費の空間）であるだけでなく、余暇を享受する（空間の消費）場所として生きられなければならない。そうでなければ、日常のルーティンから解放されない身体と精神は、その開放のために「差異の権利」を求め、時には失踪や逸脱を引き起こすことになる。あるいは、多くの若者がそうしているように、ＳＮＳの空間を消費の代替として、身体と精神のバランスを保つ。

ベトナム人の実習生Ｋさんは、ほぼ毎日Facebookを更新するが、そこに職場は全く登場しない。彼女の余暇はこの仮想空間に詰まっていて、熊本とベトナムが交互に現れる。一一月八日、彼女のFacebookに初めて日本人の大学生Ｎさんが現れる。Ｎさんは筆者の学生で五月からＫさんとＳＮＳで会話を続けてきた。コロナ禍でＫさんは夏まで会社外の人との接触を禁じられていた。これが二回目の約束である。

9月23日、1人で2時間散歩した、蓮台寺お寺も寄ったよ、一日のんびり出来た（日本語）【蓮台寺の写真】、9月26日、私の友人たちが恋しい（ベトナム語）【ホーチミンの高校時代の写真】、9月26日、基本的に人生は自分で描くもの（ベトナム語）【部屋で絵を描く自分の白黒写真】、9月27日、若い時代を祝おう（ベトナム語）【ベトナム人13人で持ち寄った料理を囲む宴の白黒写真】、9月30日、【ベトナムの歌手のコンサート動画】、10月5日、アパートに住むと野菜は育たないって誰が言ったの？　今日は野菜とカニのスープを作る（ベトナム語）【ベランダで育てたベトナム野菜を摘む動画】、10月8日#熊本　#ワンピース　私と戦う？（ベトナム語）【熊本県庁前のアニメのキャラクターの像と一緒に拳を上げる写真】、10月11日、ヘチマを食べたい人、安く買ってください（ベトナム語）【大量の大きなヘチマの写真】、11月12日、人は自分が正しいと思ったら、…（ベトナム語）【夜の海を見つめる後ろ姿の写真】、10月14日、今日の阿蘇（日本語）【阿蘇の動画】、10月18日、2年ぶりボートに乗らんだったけどレベルは相変わらず（日本語）【湖でボートを漕ぐ写真】、10月27日、秋桜めっちゃ咲いてる、最高だった　#熊本　#阿蘇ミルク牧場　#秋桜（日本語）【阿蘇のコスモス畑の動画】、10月27日、午後は街をブラブラした（ベトナム語）【熊本駅近くの新しいショッピング・センターの写真】、11月8日、写真〜〜100枚以上あるんだ、N可愛いじゃん♡今日最高だった、また遊ぼー（日本語）【日本人大学生Nと銀杏並木で撮った写真】

（KさんのFacebookより）

Kさんの余暇としての仮想空間は、Nさんの登場で俄かにリアルなものに変わり、その瞬間に、Kさんの日本語も生命をもつ言葉となった。それはNさんに伝えるための本物の言葉であるからだ。

写真〜〜100枚以上あるんだ、N可愛いじゃん♡今日最高だった、また遊ぼー

注

1　『権威主義的パーソナリティ』の著者アドルノによるファシズム尺度には、因習主義、権威主義的従属、権威主義的攻撃、反内省性、迷信とステレオタイプ、権力と剛直、破壊性とシニシズム、投射性、性に関する次元があるとされている。最近はファシズム尺度よりも、アルティ・メーヤーの右翼権威主義尺度を用いることが多い。（荒木 2003）

2　排外主義のうち特にエスニシティに関わる「エスニック排外主義」は、樽本（2018）で以下のように定義されており、本書で言及している排外主義もこれに相当する。

エスニック排外主義とは、個人、集団、制度といった主体が、ある客体を移民・外国人などを含意しうるエスニシティ、人権、国籍、ネーション、宗教といった属性を根拠として、尊厳を貶めるなど否定的に評価したり、諸機会および諸権利の享受を妨げたりする態度・状態および実践である。（樽本 2018: 8）

あとがき

筆者は今まで何回か、「日本語教育をしたくない」という言葉を、教師たちの口から聞いた。最初は、一九八〇年代後半、筆者が国立国語研究所の日本語教育長期専門研修を終えてしばらくした頃、かつての研修担当の社会学の先生が「もう日本語教育はやめたほうがいい」と言われたときである。先生は当時長野県の農村に嫁いだアジアの花嫁たちの調査と支援をされていたが、そうした花嫁たちが日本に来るという社会の構造そのものに批判的で、彼女たちに日本語教育を提供することは、その構造そのものを助長することになるという考えからであった。

二〇一八年にホーチミンの送り出し機関に調査に行った際、ある日本人教師が、自分はここで日本語教育をしていいのか悩んでいると筆者に語った。日本で長く留学生を教えてきたベテランの教師だった。彼女はベトナムの若者たちを日本に実習生として送り出すことに疑問を抱いていた。「自分は彼らに日本語を教えて、日本に行かせていいのだろうか」。純粋に日本を夢見る若者たちが低賃金の労働力として日本に送り出され、時には日本で辛い経験もすることを知りつつ日本語教育を行うことは、技能実習の制度そのものを助長することになるという考えからであった。

そして、最近聞いたのは、二年前、筆者の教え子が福岡のある専門学校に日本語教師として採用され、半年も経たないうちに辞めたときだ。ベトナム人の学生たちは深夜まで働いているから、授業中はみんな寝ている。日本に来たのは勉強するためではない。「自分が描いていた日本語教育とは違う。もう日本語教師はしたくない」と彼女は言った。今は公務員をしている。

現行の日本語教育は八〇年代の高度経済成長と共に発展し、日本の社会情勢に影響を受けてきた。日本語を教えることは日本社会の構造や様々な制度と、往々にして連動している。そうした構造や制度に、自分は教師としてどう関わり、どう考察していくべきか。本書はその一応の答えである。本書で用いた人文地理学の空間論は、専門外の筆者には難解で消化不良の感は否めないが、思い切って援用したのは、日本の地方で起きている劇的な混淆と変化の状態を、説明できる理論であると考えたためである。舌足らずな部分が多々あることをご容赦いただきたい。

本書は、以下の二つの助成を受けて実現した。

「外国人研修生・実習生と日本人の相互イメージの形成」二〇一八–二〇一九年度JSPS科研費JP18K12437（研究代表者：塩入すみ）

「外国人散在地域における技能実習生の言語環境と大学生による派遣型学習支援の試み」二〇二〇–二〇二一年度、JSPS科研費JP20K13097（研究代表者：塩入すみ）

二つの調査を継続して行ったことで、実習生をめぐる地方の実情をより深く探求することができた。貴重な機会を与えていただいたことに、心より御礼申し上げる。

また、本書の出版は、熊本学園大学の出版助成を受けている。ここに記して感謝の意を表したい。

そして、出版にあたっては、筆者の二〇一八年の拙著『ロケーションとしての留学——台湾人留学生の批判的エスノグラフィ』の出版の時から、生活書院の高橋淳さんにお世話になっている。厳しい日程を調整していただき、出版にまで導いていただいたことに、心より御礼申し上げたい。

最後に、調査に協力していただいた、多くの実習生の方々、受け入れ先の企業、雇用主の方々、関係機関の方々、そして熊本学園大学日本語教員養成課程の履修生の皆さんと英米学科卒業生の皆さんに、心から感謝申し上げる。

二〇二一年一月

塩入すみ

参考文献

Adorno,T.W., Frenkel-Brunswik, E., Levinson, D. and Sanfordet, N., 1950, *The Authoritarian Personality*, Harper and Row.（=T.W. アドルノ 1980　田中義久・矢沢修次郎訳『権威主義的パーソナリティ』青木書店）

Appadurai, A, 1996, *Modernity at Large：Cultural Dimensions of Globalization*, Minneapolis，Minnesota: University of Minnesota Press.（＝アルジュン・アパデュライ、2004　門田健一訳『さまよえる近代――グローバル化の文化研究』平凡社）

荒木義修、2003「権威主義的パーソナリティ、幼児虐待、世代間連鎖」『法政論叢』40-1：58-65

浅野慎一・佟岩、2007「増補第2章　縫製業における中国人技能実習生・研修生の労働・生活と社会意識」浅野慎一編著『増補版 日本で学ぶアジア系外国人――研修生・技能実習生・留学生・就学生の生活と文化変容』大学教育出版：502-527

陳光興、1994、「帝國之眼：「次」帝國與國族――國家的文化想像」『台灣社會研究』17:149-222（＝陳光興、坂本ひろ子訳「帝国の眼差し――『準』帝国とネイション－ステイトの文化的想像」『思想』一九九六年一月号：162-221）

――、1998「未完の植民地時代――カルチュラル・スタディーズにおける超国民国家とトランスナショナリズム：アングとストラットンへの返答」伊豫谷登士翁、坂井直樹、鉄鎖・モリス＝スズキ編『グローバリゼーションのなかのアジア――カルチュラル・スタディーズの現在』未來社：82-125

Christian-Smith, L. K., 1991, Readers, Texts,and Contexts: Adolescent Romance Fiction in Schools, in *The Politics of the Textbook*, edited by Apple, M. and Crhristian-Smith, L. K., 191-212, New York and London:Routledge.

Cohen,2019, *Migration: The Movement of Humankind from Prehistory to the Present*, André Deutsch Ltd.（＝ロビン・コーエン、2020　小巻靖子訳『移民の世界史』東京書籍）

（独）労働政策研究・研修機構、2016「帰国技能実習生フォローアップ調査――２０１４年度アンケート、インタビュー調査結果」（調査シリーズ no.144）（独）労働政策研究・研修機構船山和泉、2008「犯罪『行為者』としての外国人の表象に関しての一考察—メディアフレームの中の『窃盗団』」『多文化関係学』5:17-31

葛文綺、2007『中国人留学生・研修生の異文化適応』渓水社

Giddens, Anthony, 1995, *A Contemporary Clitique of Historical Materialism, 2nd ed.*, Macmillan.

———, 1999, *Runaway World*, London: Profile Books.（＝アンソニー・ギデンズ、2001　佐和隆光訳『暴走する世界——グローバリゼーションは何をどう変えるのか』ダイヤモンド社）

Goss, J., 1993, Placing the Market and Marketing Place: Tourist Advertising of the Hawaiian Islands, 1972-92. Environment and Planning D: *Society and Space* . 11: 663-668

軍司聖詞、2019「ベトナムにおける外国人技能実習生送出しの実際と送出機関の事業的特徴——ハノイ市元国営・民営送出機関のヒアリング調査」『農業経済研究』91-1：35-40

萩原滋、2007「大学生のメディア利用と外国認識——首都圏13大学での調査結果の報告」『メディア・コミュニケーション』57：5-33

Hall, Stuart, 1995, "New Cultures for Old," Doreen Massey and Pat Jess, eds., *A Place in the World? : Places, Cultures and Globalization,* Oxford: Oxford University Press: 175-214

濱田国佑、2008「外国人住民に対する日本人住民意識の変遷とその規定要因」『社会学評論』59-1：216-231

———、2009「地域社会の『国際化』に対する住民の意識」『「調査と社会理論」研究報告書』28：101-110

濱口桂一郎、2017「非正規雇用の歴史と賃金思想」『大原社会問題研究所雑誌』699：4-20

濱野恵、2015「ベトナムの海外労働者送出政策及びシンガポールの外国人労働者受入政策」『レファレンス』771：43-68

原由美子・塩田雄大、2000「相手国イメージとメディア——日本・韓国・中国世論調査から」『放送研究と調査』３月号：2-23

Harvey, D., 1989, *The Condition of Postmodernity,* Blackwell.（＝ハーヴェイ・D、1999　吉原直樹監訳『ポストモダニティの条件』青木書店）

樋口直人、2014『日本型排外主義』名古屋大学出版会

ホアン・アン・トゥアン、2020「聞き取り調査をもとにした日本からの帰国ベトナム人による農村地域への再統合」『人間社会環境研究』39：65-79
池田謙一、1993『社会のイメージの心理学――ぼくらのリアリティはどう形成されるか』サイエンス社
池田信夫、2003『ネットワーク社会の神話と現実――情報は自由を求めている』東洋経済新聞社
石塚二葉、2018「ベトナムの労働力輸出――技能実習生の失踪問題への対応」『アジア太平洋研究』43：99-115
岩男寿美子・萩原滋、1988『日本で学ぶ留学生――社会心理学的分析』勁草書房
岩下康子、2020「ベトナム人研修生・技能実習生――仮想空間に拡大するコミュニティと今後の展望」駒井洋監修・小林真生編著『移民・ディアスポラ研究9　変容する移民コミュニティ――時間・空間・階層』明石書店：114-117
和泉浩、2006「デヴィッド・ハーヴェイ」加藤政洋・大城直樹編著『都市空間の地理学』ミネルヴァ書房：210-226
加賀美常美代編著、2013『アジア諸国の子ども・若者は日本をどのようにみているか――韓国・台湾における歴史・文化・生活にみる日本イメージ』明石書店
貝柄徹・礒嶌喜規、2005「エコツーリズムの定義と分類に関する検証」『大手前大学人文科学部論集』6：61-76
上瀬由美子、2002『ステレオタイプの社会心理学――偏見の解消に向けて』サイエンス社
上林千恵子、2015『外国人労働者受け入れと日本社会――技能実習制度の展開とジレンマ』東京大学出版会
――、2017「外国人技能実習制度30年の歴史と今後の課題」移民政策学会２０１７年度年次大会
神田孝治、2013「文化／空間論的転回と観光学」『観光学評論』1-2：145-157
鹿股宏章、1996「外国人労働者とエスニシティ」富山大学卒業論文
姜尚中、1988「『日本的オリエンタリズム』の現在――『国際化』に潜む歪み」『世界』522：133-13
恵羅さとみ、2020「若者の建設労働者の国際移動を考える――ベトナムにおける送り出し機関調査から」『建設政策』191：32-37
見城悌治、2004「『アジア』というイメージ――現代大学生の持つ多元的理解」『千葉大学留学生センター紀要』10：62-78
小林真生、2000「序章」駒井洋監修・小林真生編著『移民・ディアスポラ研究9　変容する移民コミュニティ――時間・空間・階層』明石書店：11-22

コムスタカ（外国人と共に生きる会）、2020「コムスタカ　お元気ですか？」一〇三、四月二五日号

倉沢愛子、2002「日本占領下のインドネシア――総動員体制に揺れた伝統社会」池端雪浦編『東南アジア史8　国民国家形成の時代』岩波書店：33-55

Lefebvre, H., 1968. *Le Droit à la Ville*, Paris: Anthropos.（＝アンリ・ルフェーヴル、1969　森本和夫訳『都市への権利』筑摩書房（2011、ちくま学芸文庫））

――, 1974. *La production de l'espace*, Anthropos.（＝アンリ・ルフェーヴル、2000　斉藤日出治訳『空間の生産』青木書店）

レ・ティ・ニャム・トゥエット、2010　藤目ゆき監修・片山須美子訳『アジア現代女性史8　ベトナム女性史――フランス植民地時代からベトナム戦争まで』明石書店

松井茜・上北恭史・黒田乃生・池田真利子、2020「代官山の集合住宅にみる言語景観の特性――オシャレな地域、代官山の住まいの変化」二〇二〇年度日本地理学会春季学術大会発表要旨

みずほ総合研究所、2008「08年ベトナム経済の変調を振り返って――何が起こったのか、政府はどう対応したのか、今後どうなるのか」『みずほリポート』二〇〇〇年一一月二六日

米良文花、2020「日本における排外意識の規定要因と構造――ナショナリズム・権威主義と社会関係資本に注目して」『成蹊人文研究』28：71-103

本橋哲也・成田龍一、2005「ポストコロニアル――『帝国』の遺産相続人として」ロバート・ヤング、2005　本橋哲也訳『ポストコロニアリズム』岩波書店：215-228

永吉希久子、2015「排外意識に関する研究動向と今後の展開可能性」『東北大学文学研究科研究年報』66：164-143

――、2020『移民と日本社会』中公新書

中島眞一郎、2020「コムスタカ――外国人と共に生きる会による技能実習生問題への取組み」塩入すみ編著、2020、124-139

南後由和、2006「アンリ・ルフェーヴル」加藤政洋・大城直樹編著『都市空間の地理学』ミネルヴァ書房：190-209

グエン・ティ・トゥ・フオン、2018　ホー・ティ・ミン・フオン、グエン・トゥイ・アン・トゥー訳「ハロン湾筏ハウス住民プロジェクトと漁民の文化および生計の変化」伊藤哲司・呉宜児・沖潮満里子編『アジアの質的心理学　日中韓台越クロストーク』

ナカニシヤ出版：144-149
新美達也、2015「ベトナム人の海外就労――送出地域の現状と日本への看護師・介護福祉士派遣の展望」『アジア研究』60-2：69-90
西川長夫、2001『増補　国境の越え方　国民国家論序説』平凡社
岡田章子、2003「女性雑誌における東アジア観光都市のイメージ ――三重化するオリエンタリズムとグローバル化の交錯」『マス・コミュニケーション研究』62：82-97
岡田豊一、2014「ツーリズム・デスティネーション・マーケティングの基本的フレームワークについて」『城西国際大学紀要』22-6：1-18
大坪寛子、2007「鳥インフルエンザ報道に見るアジア――２００４年発生時におけるテレビニュースの内容分析」萩原滋編『テレビニュースの世界像――外国関連報道が構築するリアリティ』勁草書房、117-134
ファン・ティ・マイ・フオン、2018　チャン・ティ・レ・トゥエン、グエン・トゥイ・アン・トゥー訳「未成年の家族における無関心―質的調査による発見」伊藤哲司・呉宜児・沖潮満里子編『アジアの質的心理学　日中韓台越クロストーク』ナカニシヤ出版：163-171
相良順子、2004「子どもの外国イメージとメディア」萩原滋・国広陽子編『テレビと外国イメージ――メディア・ステレオタイピング研究』勁草書房：263-282
Said, E.W., 1978, *Orientalism*, New York:Georges Borchardt.（エドワード・W・サイード、1986　今沢紀子訳『オリエンタリズム』平凡社）
斎藤日出治、2000「解説：《空間の生産》の問題圏」アンリ・ルフェーヴル、2000　斉藤日出治訳『空間の生産』青木書店：603-645
Sassen, Saskia, 1988, *The Mobility of Labor and Capital :A Study in International Investment and Lobor Flow*, Cambridge :Cambridge University Press.（=サスキア・サッセン、1992　森田桐郎訳『労働と資本の国際移動』岩波書店）
―――, 1998, *Globalization and Its Discontents*, New York :New Press.（= 田淵太一、原田太津男、尹春志訳、2004『グローバル空間の政治経済学 都市・移民・情報化』岩波書店）
―――, 2002, Global Cities and Survival Circuits in B .Ehrenreich and A. Hochschild (eds), *Global Woman: Nannies, Maid and Sex*

Workers in the New Economy. New York: Metropolitan: 254-274
サスキア・サッセン、2003　椋尾麻子訳「都市に内在する新たな不平等」『現代思想』31-6:86-103
———, 2014, *Expulsions:Brutality and Complexity in the Global Economy*, Belknap Press: An Imprint of Harvard University Press.（＝サスキア・サッセン、2017　伊藤茂訳『グローバル資本主義と〈放逐〉の論理——不可視化されゆく人々と空間』明石書店）
酒向浩二、2018「ベトナムの若年層失業問題——給与水準の高い海外での就労を目指す」『みずほインサイト』みずほ総合研究所、二〇一八年一〇月一六日
坂元ひろ子、1998「中国現代文化論とポストコロニアリズム言説」複数文化研究会『〈複数文化〉のために——ポストコロニアリズムとクレオール性の現在』人文書院：69-90
坂本桂鶴恵、2000「消費社会の政治学——１９７０年代女性雑誌の分析をつうじて」宮島喬編、『講座社会学７　文化』東京大学出版会
坂本信博、2019「泥縄式の労働開国で地域にひずみ『新 移民時代』取材班が見た実情」『Journalism』５月号：20-36
澤田晃宏、2020『ルポ　技能実習生』ちくま書房
渋谷明子・テーシャオブン・李光鎬・上瀬由美子・萩原滋・小城英子、2011「メディア接触と異文化経験と外国・外国人イメージ」『メディア・コミュニケーション』61：103-125
塩入すみ、2018『ロケーションとしての留学——台湾人留学生の批判的エスノグラフィ』生活書院
———編著、2020『外国人研修生・実習生と日本人の相互イメージの形成』2018-2019 年度科学研究費補助金若手研究、ＪＳＰＳ科研費 JP18K12437 研究成果報告書
白石さや、2007「ポピュラーカルチャーと東アジア」西川満・平野健一郎編『東アジア共同体の構築３　国際移動と社会変容』岩波書店：203-226
Shulman, Beth, 2003, *The Betrayal of Work: How Low-Wage Jobs Fail 30 Million Americans and their Family*, New York: The New Press: 45-46.
Stallybrass, P. & White, A. ,1986, *The Politics and Poetics of Transgression*, London: Methuen.（＝Ｐ・ストリブラス＋Ａ・ホワイト、

本橋哲也訳、1995『境界侵犯――その詩学と政治学』ありな書房）
Steger, Manfred B. 2009, *Globalization: A Very Short Introduction. (2nd.ed.)* Oxford: Oxford University Press.（＝マンフレッド・B・
スティーガー、2010　櫻井公人・櫻井純理・高嶋正晴訳『新版　グローバリゼーション』岩波書店）
杉原薫、1999「近代世界システムと人間の移動」『岩波講座　世界歴史19　移動と移民』岩波書店：3-61
巣内尚子、2016「ベトナム人留学生はなぜ技能実習生を調査したのか（1）-（6）」yahooニュース、二〇一六年四月二一日-五月
七日、二〇二〇年二月一〇日閲覧
――、2019a「『失踪』と呼ぶな――技能実習生のレジスタンス」『現代思想』47-5：18-33
――、2019b『奴隷労働――ベトナム人技能実習生の実態』花伝社
鈴木涼太郎、2010『観光という商品の生産――日本～ベトナム　旅行会社のエスノグラフィ』勉誠出版
高橋玲、2014「普及による環境意識向上のシナリオ――ベトナムハロン湾におけるエコツアーの現状と可能性」Discussion Paper
No.83 BDF、大阪市立大学
高野了太・高史明・野村理朗、2020「日本語版右翼「権威主義」尺度の作成」『心理学研究』一一月
田辺俊介、2018「現代日本社会における排外主義の現状――計算分析による整理と規定要因の検討」樽本英樹編著『排外主義の国
際比較――先進諸国における外国人移民の実態』ミネルヴァ書房：259-287
田中共子、2000『留学生のソーシャル・ネットワークとソーシャル・スキル』ナカニシヤ出版
樽本英樹、2018「外国人・移民と排外主義」樽本英樹編著『排外主義の国際比較――先進諸国における外国人移民の実態』ミネル
ヴァ書房：1-22
竹中均、1999『柳宗悦・民藝・社会理論』明石書店
鳥井一平、2020『国家と移民――外国人労働者と日本の未来』集英社新書
椿康和、2018「ホーチミン市における日本語学習者の就業意識」『広島大学マネジメント研究』19：3-24
坪井健、2006「在日中国人留学生の動向と今後の課題――中国と日本の留学生政策を背景にして」『駒澤社会学研究』38：1-22
坪田光平、2018『外国人非集住地域のエスニック・コミュニティと多文化教育実践――フィリピン系ニューカマー親子のエスノグ

ラフィー』東北大学出版会
辻村明・古畑和孝・飽戸弘、1987『世界は日本をどう見ているか――対日イメージの研究』日本評論社
徳田剛・二階堂裕子・魁生由美子、2016『外国人住民の「非集住地域」の地域特性と生活課題――結節点としてのカトリック教会・日本語教室・民族学校の視点から』創風社出版
安田浩一、2007『外国人研修生殺人事件』七つ森書館
殷梦茜・青木紀久代、2017「在日中国人留学生の異文化適応に関する質的研究」『お茶の水女子大学心理臨床相談センター紀要』19：49-59
山崎瑞紀、1993「アジア系留学生の対日態度の形成要因に関する研究」『心理学研究』64：215-223
吉見俊哉、2003『カルチュラル・ターン、文化の政治学へ』人文書院
――、2011「東アジアのCultural Studiesとは何か」岩崎稔・陳光興・吉見俊哉編『カルチュラル・スタディーズで読み解くアジア』人文書院
Young, Jock, 1999, *The Exclusive Society: Social Exclusion, Crime and Difference in Late Modernity*, London: SAGE.（＝ジョック・ヤング、2007 青木秀男・伊藤泰郎・岸政彦・村澤真保呂訳『排除型社会――後期近代における犯罪・雇用・差異』洛北出版）
――, 2007 *The Vertigo of Late Modernity*, London: SAGE Publications.（＝ジョック・ヤング、2019、木村ちがや・中村好孝・丸山真央訳『後期近代の眩暈――排除から過剰包摂へ　新装版』青土社）
Young. R. J. C., 2003, *Postcolonialism. A very short introduction*. Oxford : Oxford University Press.（＝ロバート・ヤング、2005 本橋哲也訳『ポストコロニアリズム』岩波書店）
湯山英子・設楽澄子、2020「北海道におけるベトナム人技能実習生の生活実態」『開発こうほう』一般財団法人北海道開発協会、五月号：12-15

本書のテキストデータを提供いたします

本書をご購入いただいた方のうち、視覚障害、肢体不自由などの理由で書字へのアクセスが困難な方に本書のテキストデータを提供いたします。希望される方は、以下の方法にしたがってお申し込みください。

◎データの提供形式＝CD-R、フロッピーディスク、メールによるファイル添付（メールアドレスをお知らせください）。

◎データの提供形式・お名前・ご住所を明記した用紙、返信用封筒、下の引換券（コピー不可）および200円切手（メールによるファイル添付をご希望の場合不要）を同封のうえ弊社までお送りください。

●本書内容の複製は点訳・音訳データなど視覚障害の方のための利用に限り認めます。内容の改変や流用、転載、その他営利を目的とした利用はお断りします。

◎あて先
〒160-0008
東京都新宿区四谷三栄町6-5 木原ビル303
生活書院編集部　テキストデータ係

【引換券】
表象のベトナム、表象の日本

著者略歴

塩入　すみ
（しおいり・すみ）

東京学芸大学教育学部卒業。大阪大学大学院文学研究科博士課程、台湾国立政治大学教育学系博士課程。文学博士（熊本大学）。熊本学園大学教授。

主な著書に
『ロケーションとしての留学―台湾人留学生の批判的エスノグラフィー』生活書院、2019年

表象のベトナム、表象の日本
――ベトナム人実習生の生きる空間

発　行――――2021年3月20日　初版第1刷発行
著　者――――塩入すみ
発行者――――髙橋　淳
発行所――――株式会社　生活書院
〒160-0008
東京都新宿区四谷三栄町6-5 木原ビル303
ＴＥＬ 03-3226-1203
ＦＡＸ 03-3226-1204
振替 00170-0-649766
http://www.seikatsushoin.com
印刷・製本――株式会社シナノ

Printed in Japan

ISBN 978-4-86500-126-6

定価はカバーに表示してあります。
乱丁・落丁本はお取り替えいたします。